Nina Rabenhorst

Die Haftung des Wirtschaftsprüfers nach neuem Recht

Salzwasser
Verlag

Rabenhorst, Nina

Die Haftung des Wirtschaftsprüfers nach neuem Recht

1. Auflage 2008 | ISBN: 978-3-86741-086-1

© CT Salzwasser-Verlag GmbH & Co. KG, 2008. Alle Rechte vorbehalten.

Die Deutsche Bibliothek verzeichnet diesen Titel in der Deutschen Nationalbibliografie. Bibliografische Daten sind unter http://dnb.ddb.de verfügbar.

Salzwasser

Verlag

Inhaltsverzeichnis

Abkürzungsverzeichnis

aF	alte Fassung
AktG	Aktiengesetz
APAG	Abschlußprüferaufsichtsgesetz
APAK	Abschlußprüferaufsichtskommission
BaFin	Bundesanstalt für Finanzdienstleistungsaufsicht
BilReG	Bilanzrechtsreformgesetz
BilKoG	Bilanzkontrollgesetz
BMF	Bundesministerium der Finanzen
BMJ	Bundesministerium der Justiz
CMA-Abschluß	Certified Management Accountant-Abschluss
CPA-Abschluss	Certified Public Accounting-Abschluß
d.	der, die, das
DCGK	Deutscher Corporate Governance Kodex
DPR	Deutsche Prüfstelle für Rechnungslegung
DRS	Deutscher Rechnungslegungsstandard
EDV	elektronische Datenverarbeitung und -übermittlung
EU-Kommission	Europäische Kommission
f.	folgend
ff.	fortfolgend
GAAS	Generally Accepted Auditing Standards
GmbHG	Gesetz betreffend die Gesellschaften mit beschränkter Haftung
Hrsg.	Herausgeber
IAS	International Accounting Standards
IDW	Institut der Wirtschaftsprüfer in Deutschland eingetragener Verein
IDW RS	IDW Stellungnahme zur Rechnungslegung
IFAC	International Federation of Accountants
IFRS	International Financial Reporting Standards
ISA	International Standard on Auditing
ISQC	International Standards on Quality Control
KapAEG	Kapitalaufnahmeerleichterungsgesetz
KonTraG	Gesetz zur Kontrolle und Transparenz im Unternehmensbereich
Mio.	Millionen
NaStraG	Gesetz zur Namensaktie und zur Erleichterung der Stimmrechtsausübung
nF	neue Fassung
OWiG	Gesetz über Ordnungswidrigkeiten
o. V.	ohne Verfasser / ohne Verlag
PCAOB	Public Company Accounting Oversight Board
PrO WP	Prüfungsordnung für Wirtschaftsprüfer
RBerG	Rechtsberatungsgesetz
RdNr.	Randnummer

S.	Satz, Seite
SEC	Securities Exchange Commission
SOA	Sarbanes-Oxley-Act
StBerG	Gesetz über die Rechsverhältnisse der Steuerberater und Steuerbevollmächtigten (Steuerberatungsgesetz)
StGB	Strafgesetzbuch
StPO	Strafprozeßordnung
TransPuG	Transparenz und Publizitätsgesetz
WP	Wirtschaftsprüfer
WPK	Wirtschaftsprüferkammer
WPO	Wirtschaftsprüferordnung
WPRefG	Wirtschaftsprüfungsexamens-Reformgesetz

Abkürzungsverzeichnis für Zeitschriften

BB	Der Betriebsberater
BFuP	Betriebswirtschaftliche Forschung und Praxis
BGBl.	Bundesgesetzblatt
GCPAS-NewsFlash	German CPA Society-NewsFlash
HB	Handelsblatt
KoR	Zeitschrift für Kapitalmarktorientierte Rechnungslegung
NJW	Neue Juristische Woche
StuB	Steuern und Bilanzen
SWK-Heft	Steuer und Wirtschaftskartei-Heft
WPg	Die Wirtschaftsprüfung
WPK-Mitt.	Mitteilungen der Wirtschaftsprüferkammer
WPK Magazin	Wirtschaftsprüferkammer Magazin
ZHR	Zeitschrift für das gesamte Handelsrecht und Wirtschaftsrecht
ZP	Zeitschrift für Planung
ZIP	Zeitschrift für Wirtschaftsrecht

Abkürzungsverzeichnis für Kommentare

Beck Bil-Komm.	Beck'scher Bilanzkommentar
MünchKomm HGB	Münchener Kommentar Handelsgesetzbuch
PWW	Prütting / Wegen / Weinrich BGB Kommentar

Abbildungsverzeichnis

1   Einleitung

Die Berufsgruppe des Wirtschaftsprüfers steht mehr denn je im Interesse der Öffentlichkeit. Dies ist auf einige folgenschwere Firmenkrisen in den letzten Jahren zurückzuführen, die mit heftigen Vorwürfen gegen die Unternehmensleitung, den Aufsichtsrat und die Abschlußprüfer einhergingen.[1]

Als Beispiele für Bilanzunregelmäßigkeiten im In- und Ausland können Fälle wie Enron, Worldcom, Ahold, Flow Tex, Holzmann, Telekom, Parmalat, Landesbank Berlin, Mannheimer Versicherung, Bremer Vulkan, Shell oder Good Year angeführt werden.[2]

Den verantwortlichen Wirtschaftsprüfern wurde vorgeworfen, daß sie bestandsgefährdende Entwicklungstendenzen nicht aufgedeckt haben[3] und nicht unabhängig von den zu prüfenden Unternehmen handelten.[4] Dieses soll maßgeblich dazu beigetragen haben, daß Unternehmenszusammenbrüche nicht abgewendet worden sind.[5]

Zwei besonders wichtige Aspekte bei der Abschlußprüfung stellen die Erwartungslücke und die Internationalisierung dar:

- Die Erwartungslücke ist durch die Abweichungen zwischen den Erwartungen der Öffentlichkeit über Gegenstand und Aussagekraft der Abschlußprüfung und der tatsächlichen Berufsausübung nach den gesetzlich obliegenden Pflichten und den be-

---

[1] Vgl. *Schütte*, J.: Risikomanagementsysteme - Ausgestaltung und Prüfung durch den Abschlussprüfer gemäß § 317 IV HGB, 2002, S. 1.

[2] Vgl. *Winnefeld*, R.: Bilanzkontrollgesetz und das System der Unternehmens-überwachung. In: *Freidank*, C. (Hrsg.): Reform der Rechnungslegung und Corporate Governance in Deutschland und Europa, 2004, S. 127.

[3] Vgl. *Lengerke*, K.: Die Prüfungspflicht des Abschlußprüfers nach § 317 IV HGB, in: WPK-Mitt., 2002, Heft 96, S. 96.

[4] Vgl. *Veltins*, M.: Verschärfte Unabhängigkeitsanforderungen an Abschlussprüfer, in: der Betrieb, 2004, Heft 8, S. 445.

[5] Vgl. *Lengerke*, K.: Die Prüfungspflicht des Abschlußprüfers nach § 317 IV HGB, in: WPK-Mitt., 2002, Heft 96, S. 96.

rufsständigen Grundsätzen ordnungsmäßiger Abschlußprüfung gekennzeichnet.[6]

- Die Liberalisierung der internationalen Märkte führt zu einer Erhöhung des Kapitalaustausches. Die Leitung börsennotierter Konzerne muß darauf reagieren, indem sie den Markt für Anteilseigner transparenter macht. Die Öffentlichkeit soll zukünftig auf mehr Informationen als nur den Jahresabschluß zurückgreifen können.[7]

Um das Vertrauen der Öffentlichkeit zurückzuerlangen,[8] wurden **unterschiedliche Maßnahmen** seitens des Gesetzgebers ergriffen, die Corporate Governance zu verbessern und internationalen Forderungen gerecht zu werden:[9]

- Zunächst wurde das Gesetz zur Kontrolle und Transparenz im Unternehmensbereich (KonTraG), das am 01.05.1998 in Kraft trat, verabschiedet. Dieses beinhaltete wichtige Änderungen bzw. Ergänzungen des Handels- und des Aktiengesetzes.[10]

- Weitere Änderungen bei Abschlußprüfungen bewirkte das am 01.01.2003 in Kraft getretene Transparenz- und Publizitätsgesetz

---

[6] *Wolf*, K./ *Runzheimer*, B. Risikomanagement und KonTraG – Konzeption und Implementierung, 4., vollständig überarbeitete und erweiterte Auflage, 2003, S. 21. f.

[7] Vgl. *Wiedmann*, H.: Ansätze zur Fortentwicklung der Abschlußprüfung, in: WPg, 1998, Heft 7, S. 339. f.

[8] Vgl. *Böcking*, H. / *Dutzi*, A.: Neugestaltung der Berufsaufsicht für Wirtschaftsprüfer, in: BFuP, 2006, Heft 1, S. 1.

[9] Vgl. *Böcking*, H. / *Orth*, C.: „Kann das „Gesetz zur Kontrolle und Transparenz im Unternehmensbereich (KonTraG)" einen Beitrag zur Verringerung der Erwartungslücke leisten? – Eine Würdigung auf Basis von Rechnungslegung und Kapitalmarkt, in: WPg, 1998, Heft 8, S. 351.

[10] Vgl. *Lengerke*, K.: Die Prüfungspflicht des Abschlußprüfers nach § 317 IV , in: WPK-Mitt., 2002, Heft 96, S. 96.

(TransPuG),[11] welches sich hauptsächlich mit der Informations-versorgung von Aufsichtsräten befaßt.[12]

- Überdies wurde der Öffentlichkeit am 25.02.2003 ein 10-Punkte-Programm, welches der Stärkung der Unternehmensintegrität und dem Anlegerschutz dienen soll, vorgestellt.[13] Elementare Bestandteile des 10-Punkte-Programms sind das Bilanzrechtsreformgesetz (BilReG) und das Bilanzkontrollgesetz (BilKoG), welche Ende des Jahres 2004 in Kraft getreten sind,[14] sowie das Abschlußprüferaufsichtsgesetz (APAG), welches am 01.01.2005 in Kraft trat.[15]

- Ein weiterer 10-Punkte-Plan zur Reform der Abschlußprüfung wurde durch die EU-Kommission am 21.05.2003 verabschiedet.[16] Im Mittelpunkt stand hierbei die Modernisierung der 8. EU-Prüferrichtlinie.[17]

Die Vereinigten Staaten führten als Reaktion auf die Unternehmenszusammenbrüche am 30.07.2002 den Sarbanes-Oxley-Act (SOA) ein.[18]

Die vorliegende Untersuchung untersucht das Berufsbild des Wirtschaftsprüfers und die durch die Verabschiedung des KonTraG

---

[11] Vgl. *Baumeister*, A. / *Freisleben*, N.: Prüfung des Risikomanagements und Risikolageberichts. In: *Richter*, M. (Hrsg.): Entwicklungen der Wirtschaftsprüfung - Prüfungsmethoden-Risiko-Vertrauen, 2003, S. 21.

[12] Vgl. *Peemöller*, V.: Einführung in das betriebswirtschaftliche Prüfungswesen. In: *Förschle*, G. / *Peemöller*, V. (Hrsg.): Wirtschaftsprüfung und Interne Revision, 2004, S. 36.

[13] Vgl. *Seibert*, U.: Das 10-Punkte-Programm "Unternehmensintegrität und Anlegerschutz", in: BB, 2003, Heft 14, S. 693.

[14] Vgl. *IDW*: Bilanzrechtsreformgesetz (BilReG), Bilanzkontrollgesetz (BilKoG), 2005, S. V.

[15] Vgl. Gesetz zur Fortentwicklung der Berufsaufsicht über Abschlußprüfer in der Wirtschaftsprüferordnung (APAG), in: BGBl., 2004, Teil I, Nr. 76, S. 3851.

[16] Vgl. *Hulle*, K. / *Lanfermann*, G.: Mitteilung der Europäischen Kommission zur Stärkung der Abschlussprüfung, in: BB, 2003, Heft 25, S. 1323.

[17] Vgl. *Lanfermann*, G.: Vorschlag der EU-Kommission zur Modernisierung der EU-Prüferrichtlinie, in: Der Betrieb, 2004, Heft 12, S. 609.

[18] Vgl. *Justenhoven*, P. / *Krawietz*, M.: Prüfungsansatz nach Enron, in: BFuP, 2006, Heft 1, S.62.

und die anderen gesetzlichen Neuerungen bedingten Auswirkungen auf das Aufgabenfeld des Wirtschaftsprüfers. Dabei soll insbesondere auf die zivil- und strafrechtlichen Konsequenzen von Berufspflichtverletzungen des Abschlußprüfers eingegangen werden.

Aufbau der Untersuchung:

Zur Einführung in die Thematik wird zunächst das Berufsbild des Wirtschaftsprüfers dargestellt.

[0]Da den Wirtschaftsprüfern bei fahrlässig oder vorsätzlich verschuldeter Pflichtverletzung eine Vielzahl von Konsequenzen droht, wird ihre Verantwortlichkeit im Anschluß ausführlich behandelt. Die Darstellung beschränkt sich dabei nicht auf die zivilrechtliche Haftung; es wird auch auf die berufsrechtliche Ahndung, strafrechtliche Sanktionen und ordnungsrechtliche Konsequenzen eingegangen.

Der US-Sarbanes-Orxley-Act wird gesondert behandelt, da dieser Einfluß auf die Maßnahmen des Gesetzgebers hatte.

Ähnliches gilt für die deutsche Corporate Governance. Diese findet ebenso Berücksichtigung bei den gesetzlichen Neuregelungen und wird deshalb im Vorfeld erläutert.

Die ersten Schritte des Gesetzgebers im Hinblick auf die Rückerlangung des Vertrauens in die Abschlußprüfung waren die gesetzlichen Neuregelungen infolge des KonTraG. Aufgrund der großen Bedeutung des Gesetzes wird es hier als eigenständiges Kapitel behandelt.

Die darauf folgenden Neuregelungen, welche bereits oben angerissen worden sind, werden im nächsten Kapitel aufgezeigt.

Das abschließende Kapitel dient der Ergebnissicherung.

2 Darstellung des Berufsbildes

2.1 Zulassungsvoraussetzungen und Prüfungsverfahren

Voraussetzung für die Bestellung zum Wirtschaftsprüfer ist ein staatliches Zulassungs- und Prüfungsverfahren, wonach der Prüfling nach bestandenen Examen auf Antrag von der obersten Landesbehörde zum Wirtschaftsprüfer bestellt wird.[19]

2.1.1 Zulassungsvoraussetzungen

Gemäß § 8 I WPO setzt die Zulassung zum Wirtschaftsprüfer grundsätzlich den Abschluß eines Hochschulstudiums der Wirtschaftswissenschaften, Rechtswissenschaften, der Technik, der Landwirtschaft oder eines anderen Studienganges mit wirtschaftswissenschaftlichen Ausrichtung voraus.[20]

Es besteht auch die Möglichkeit ohne einen Hochschulabschluß zugelassen zu werden und den Beruf zu erlangen; dies ist in der Praxis jedoch nur von untergeordneter Bedeutung und wird deshalb hier nicht erläutert.[21]

Eine weitere Zulassungsvoraussetzung ist die Mindestdauer der Berufspraxis, welche in der nachfolgenden Abbildung näher erläutert wird:

---

[19] Vgl. *Peemöller*, V.: Einführung in das betriebswirtschaftliche Prüfungswesen. In: *Förschle*, G. / *Peemöller*, V. (Hrsg.): Wirtschaftsprüfung und Interne Revision, 2004, S. 3.
[20] Vgl. *Kaminski*, H.: Abschnitt A: Der Beruf des Wirtschaftsprüfers. In: IDW (Hrsg.): WP-Handbuch: Handbuch für Rechnungslegung, Prüfung und Beratung, Band I, 2000, RdNr. A 48.
[21] Vgl. *Lauterbach*, A. / *Brauner*, D.: Berufsziel Steuerberater / Wirtschaftsprüfer, 5. überarbeitete und erweiterte Auflage, 2006, S. 37.

> **§ 9 I, III, V WPO**
>
> Mindestdauer der Berufspraxis nach Abschluß des Studiums abhängig von der Regelstudienzeit
> - o >= 8 Semester: 3 Jahre Prüfungstätigkeit
> - o < 8 Semester: 4 Jahre Prüfungstätigkeit
>
> Prüfungstätigkeit
> - o Durchführung von Buch- und Bilanzprüfungen in fremden Unternehmen nach betriebswirtschaftlichen Grundsätzen
> - o Als Mitarbeiter bei Wirtschaftsprüfern, Wirtschaftsprüfungsgesellschaften, vereidigter Buchprüfer, Buchprüfungsgesellschaften oder sonstiger Prüfungseinrichtungen
>
> Eine Tätigkeit als Revisor in größeren Unternehmen, Steuerberater oder Prüfer im öffentlichen Dienst sowie bei bestimmten Organisationen kann bis zu 1 Jahr angerechnet werden
>
> ---
>
> **§ 9 II WPO**
>
> davon 2 Jahre bei Wirtschaftsprüfern, Wirtschaftsprüfungsgesellschaften, vereidigter Buchprüfer, Buchprüfungsgesellschaften oder sonstiger Prüfungseinrichtungen überwiegende
> - o Teilnahme an Abschlußprüfungen (gesetzlich vorgeschriebene und freiwillige Abschlußprüfungen)
> - o Abfassung von Prüfungsberichten (siehe auch § 2 Nr. 5. PrO WP)

Abb. 1: Zulassungsvoraussetzungen - Hochschulabsolventen

Quelle: IDW (Hrsg.): Der Wirtschaftsprüfer (Wege zum Beruf, Ausbildung durch das IDW), 2003, S. 4 (eigene Darstellung).

2.1.2 Prüfungsverfahren

Wenn die Zulassungsvoraussetzungen erfüllt sind und dem Bewerber die Zulassung nicht gemäß § 10 WPO versagt wird, erfolgt der Examensweg in folgender Weise:[22]

---

[22] Vgl. *Kaminski*, H.: Abschnitt A: Der Beruf des Wirtschaftsprüfers. In: IDW (Hrsg.): WP-Handbuch: Handbuch für Rechnungslegung, Prüfung und Beratung, Band I, 2000, RdNr. A 65.

6

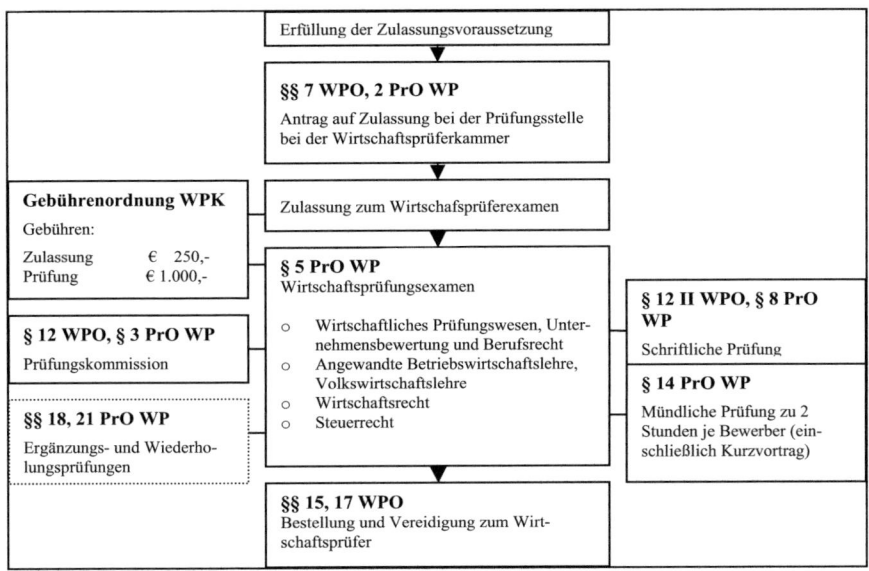

	Erfüllung der Zulassungsvoraussetzung

§§ 7 WPO, 2 PrO WP

Antrag auf Zulassung bei der Prüfungsstelle bei der Wirtschaftsprüferkammer

Gebührenordnung WPK

Gebühren:

Zulassung € 250,-
Prüfung € 1.000,-

Zulassung zum Wirtschafsprüferexamen

§ 5 PrO WP

Wirtschaftsprüfungsexamen

§ 12 WPO, § 3 PrO WP

Prüfungskommission

o Wirtschaftliches Prüfungswesen, Unternehmensbewertung und Berufsrecht
o Angewandte Betriebswirtschaftslehre, Volkswirtschaftslehre
o Wirtschaftsrecht
o Steuerrecht

§ 12 II WPO, § 8 PrO WP

Schriftliche Prüfung

§ 14 PrO WP

Mündliche Prüfung zu 2 Stunden je Bewerber (einschließlich Kurzvortrag)

§§ 18, 21 PrO WP

Ergänzungs- und Wiederholungsprüfungen

§§ 15, 17 WPO

Bestellung und Vereidigung zum Wirtschaftsprüfer

Abb. 2: Examensweg

Quelle: IDW (Hrsg.): Der Wirtschaftsprüfer (Wege zum Beruf, Ausbildung durch das IDW), 2003, S. 6 (eigene Darstellung).

2.2 Aufgaben

Der Wirtschaftsprüfer ist gemäß § 1 II WPO Angehöriger eines freien Berufsstandes.

Der Inhalt der Tätigkeiten des Wirtschaftsprüfers wird durch § 2 WPO festgelegt. Die beruflichen Kernaufgaben des Wirtschaftsprüfers sind gemäß § 2 I WPO die Durchführung der Abschlußprüfung und die Verfassung des Bestätigungsvermerks. Gemäß § 2 II WPO ist der Wirtschaftsprüfer zur unbeschränkten Hilfeleistung in Steuersachen befugt[23]. Zu den Sekundäraufgaben gemäß § 2 III WPO zählen die Beratung in wirtschaftlichen Angelegenheiten, die Tätigkeit als Sachverständiger, die treuhänderische Verwaltung und die Wahrung fremder Interessen. Die Rechtsberatung ist nur im be-

---

[23] Die Wirtschaftsprüferordnung befindet sich in der Anlage zu dieser Untersuchung. Auf weitere Verweise wird deswegen im folgenden verzichtet

grenzten Umfang gemäß Artikel 1 § 5 Nr. 2 RBerG möglich; auch die Treuhandtätigkeit gehört nur im engeren Sinne zu den Berufsaufgaben gemäß § 2 III WPO.[24]

2.2.1 Prüfung

Kapitalgesellschaften, die nicht als klein im Sinne des § 267 I[25] gelten, unterliegen gemäß § 316 der Pflicht zur Prüfung. Der Abschlußprüfer muß sich bei der Prüfung an gewisse formelle und gesetzliche Kriterien halten, die gewährleisten sollen, daß der Jahresabschluß ein den tatsächlichen Verhältnissen entsprechendes Bild der Vermögens-, Finanz- und Ertragslage vermittelt. Zu beachten ist hierbei, ob die Vorschriften des HGB, die Grundsätze ordnungsmäßiger Buchführung (GoB), Bestimmungen des Gesellschaftsvertrags bzw. der Satzung und ggf. die Spezialvorschriften für einzelne Rechtsformen oder Branchen eingehalten wurden.[26]

Die Jahresabschlußprüfung dient der Steigerung der Verläßlichkeit des Jahresabschlusses und vermittelt den gesetzlichen Vertretern, den Aufsichtsorganen sowie den Gesellschaftern die enthaltenen Informationen.[27] Zu dem ist sie gemäß § 316 I unabdingbare Voraussetzung für die Feststellung des Jahresabschlusses. Findet sie nicht statt, kann der Jahresabschluß nicht festgestellt werden.[28] Der Prüfer hat sich Gewißheit darüber zu verschaffen, daß die Rechnungslegung ordnungsgemäß durchgeführt und die gesetzlichen Vorschriften eingehalten wurden. Die gewonnenen Erkenntnisse

---

[24] Vgl. *Kaminski*, H.: Abschnitt A: Der Beruf des Wirtschaftsprüfers. In: IDW (Hrsg.): WP-Handbuch: Handbuch für Rechnungslegung, Prüfung und Beratung, Band I, 2000, RdNr. A 23. f.

[25] Alle Vorschriften, die nicht gesondert gekennzeichnet sind, sind solche des HGB

[26] Vgl. *Joecks*, W.: Handelsrechtliche Abschlußprüfung und das Recht, in: BFuP , 2004, Heft 3, S. 240.

[27] Vgl. *Bertl*, R. / *Fröhlich*, C.: Der Ablauf der Jahresabschlußprüfungen. In: *Koziol*, H. / Doralt, W. (Hrsg.): Abschlußprüfer - Haftung und Versicherung, 2004, S. 1.

[28] Vgl. *Kaminski*, H.: Abschnitt A: Der Beruf des Wirtschaftsprüfers. In: IDW (Hrsg.): WP-Handbuch: Handbuch für Rechnungslegung, Prüfung und Beratung, Band I, 2000, RdNr. A 17.

werden im Prüfungsbericht niedergeschrieben. Als Ergebnis seiner Prüfungstätigkeit hat der Wirtschaftsprüfer einen Bestätigungsvermerk zu erstellen.[29]

2.2.2 Beratung

Die Beratungstätigkeit des Wirtschaftsprüfers umfaßt im wesentlichen steuerliche Fragen. Sie sind hierzu gemäß § 2 II WPO in Verbindung mit §§ 3, 12 StBerG ausdrücklich berechtigt.[30]

Weitere Beratungsfelder in wirtschaftlichen Angelegenheiten sind: Strategie-, Organisations-, Implementierungs-, EDV-,[31] Gründungs-[32], sowie Rechtsberatung. Die Rechtsberatung darf nur in den Angelegenheiten erfolgen, mit denen sich der Wirtschaftsprüfer gerade beruflich unmittelbar beschäftigt, und bei den Aufgaben, ohne die die Rechtsberatung nicht sachgemäß durchgeführt werden kann.[33]

---

[29] Vgl. *Mayer*, K. / *Gleinig*, P. / *Creutz*, K.: Gefahrenbereiche der Wirtschaftsprüfung in Bezug auf den Straftatbestand der Verletzung der Berichtspflicht, 2005, S. 2.

[30] Vgl. *Kaminski*, H.: Abschnitt A: Der Beruf des Wirtschaftsprüfers. In: IDW (Hrsg.): WP-Handbuch: Handbuch für Rechnungslegung, Prüfung und Beratung, Band I, 2000, RdNr. A 20.

[31] Vgl. *Veidt*, R.: Die Tätigkeit der Wirtschaftsprüfer und vereidigten Buchprüfer: Kurzdarstellung der Aufgaben und Möglichkeiten des Berufsstandes, 2001, S. 8.

[32] Vgl. *Brösel*, G. / *Olbrich*, M. / *Rudolf*, J.: Gründungsberatung durch den Wirtschaftsprüfer, in: WPg, 2005, Heft 23, S. 1284.

[33] Vgl. *Kaminski*, H.: Abschnitt A: Der Beruf des Wirtschaftsprüfers. In: IDW (Hrsg.): WP-Handbuch: Handbuch für Rechnungslegung, Prüfung und Beratung, Band I, 2000, RdNr. A 24.

3 Verantwortlichkeit des Abschlußprüfers

Ein Verstoß gegen die durch den Abschlußprüfer zu beachten-den Regeln, kann zu folgenden Konsequenzen führen:

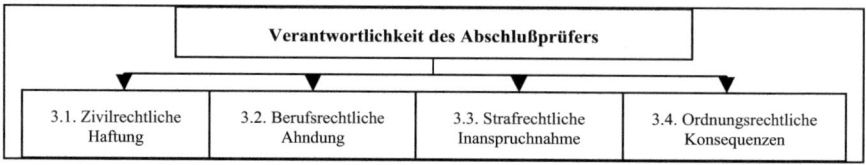

Abb. 3: Verantwortlichkeit des Abschlußprüfers

Quelle: Marten, K. / Quick, R., Ruhnke, K..: Wirtschaftsprüfung - Grundlagen des betriebswirt-schaftlichen Prüfungswesen nach nationalen und internationalen Normen, 2., überarbeitete Auflage, 2003, S. 180 (eigene Darstellung).

3.1 Zivilrechtliche Haftung

Die Haftung des Abschlußprüfers ist wie folgt aufgeteilt und untergliedert:

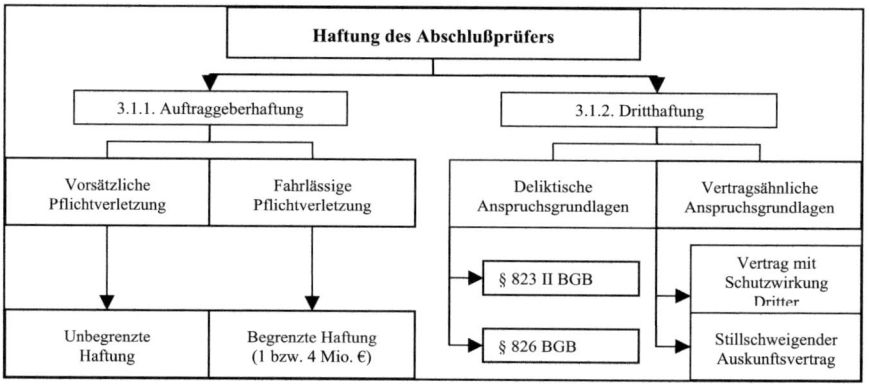

Abb. 4: Zivilrechtliche Haftung des Abschlußprüfers

Quelle: Marten, K / Quick, R., / Ruhnke, K..: Wirtschaftsprüfung - Grundlagen des betriebswirt-schaftlichen Prüfungswesen nach nationalen und internationalen Normen 2., überarbeitete Auf-lage, 2003, S. 181 (eigene Darstellung).

Für das Vorliegen einer zivilrechtlichen Haftung des Wirtschaftsprüfers müssen sowohl subjektive als auch objektive Tatbestandsvoraussetzungen erfüllt sein.

Als objektive Haftungsvoraussetzung sind Verstöße gegen:

- die gesetzlichen Vorschriften über die (anerkannten Grundsätze ordnungsmäßiger) Abschlußprüfung,

- die Berichtspflichten

- sowie alle Berufspflichten, welche im Zusammenhang mit der Prüfung stehenden Berichtspflichten. [34]

Diese Pflichtverletzung muß im ursächlichen Zusammenhang zu einem adäquat verursachten Schaden bei dem Auftraggeber oder Dritten stehen.[35] Die zivilrechtliche Haftung des Abschlußprüfers setzt eine schuldhafte Pflichtverletzung voraus; bezüglich der Haftungshöchstgrenzen wird zwischen vorsätzlicher oder fahrlässiger Verursachung unterschieden.[36]

Fahrlässig handelt gemäß § 276 II BGB, wer die im Verkehr erforderliche Sorgfalt außeracht läßt. Ist eine Pflichtverletzung fahrlässig verursacht worden, so ist die Haftung gemäß § 323 II grundsätzlich auf 1. Mio. € bzw. bei der Prüfung einer Aktiengesellschaft, die Aktien mit amtlicher Notierung ausgegeben hat, auf 4 Mio. € begrenzt. Wird der Fehler über mehrere Jahre fortgesetzt und findet dieser in den folgenden Jahresabschlüssen weiterhin Berücksichtigung und führt dieser jeweils zu weiteren Schäden, so haftet der Prüfer jedes Jahr erneut bis zur Höchstsumme.[37] Die Beschränkung der Haftungssumme ist rechtspolitisch darauf zurückzuführen, daß die Risiken der Abschlußprüfung für eine freiberuflich tätige Person sonst nicht mehr mit wirtschaftlich vertretbarem Aufwand zu versichern wären. Liegt der Schaden über den Haftungsgrenzen des

---

[34] Vgl. *Joecks*, W.: Handelsrechtliche Abschlußprüfung und das Recht, in: BFuP, 2004, Heft 3, S. 240. f.

[35] Vgl. Palandt-*Heinrichs*, § Vorb v 249 RdNr. 57.

[36] Vgl. MünchKommHGB-*Ebke*, § 323 RdNr. 16.

[37] Vgl. *Heukamp*, W.: Abschlußprüfer und Haftung, 2000, S. 320.

§ 323 II führt die Schadensersatzpflicht zwar nicht zu der gewünschten Disziplinierung der Abschlußprüfer, diese Lücke kann aber durch die Gefahr des Reputationsverlusts gefüllt bzw. sogar überkompensiert werden.[38]

Vorsatz wird definiert, als *„Wissen und Wollen des Erfolges im Bewußtsein der Pflichtwidrigkeit.“*[39] Im Gegensatz zur Fahrlässigkeit ist beim vorsätzlichen Handeln eine Haftungsbeschränkung ausgeschlossen.[40] Eine vorsätzliche Pflichtverletzung führt zur unbegrenzten Haftung des Abschlußprüfers.[41] Der Kläger ist bei der vorsätzlichen Pflichtverletzung dazu verpflichtet zu beweisen, daß der Abschlußprüfer mindestens einen bedingten Vorsatz hatte. Beim bedingten Vorsatz hält der Abschlußprüfer eine Pflichtverletzung für möglich und nimmt dies billigend zu Kauf. Dieser Nachweis wird allenfalls bei einem kollusiven Zusammenwirken zwischen Organen oder Angestellten der geprüften Gesellschaft und dem Abschlußprüfer zu führen sein.[42]

Die Verantwortung ist nicht nur auf das Handeln des Abschlußprüfers beschränkt, sondern betrifft ebenfalls das Verschulden aller anderen Personen, welche mit der Prüfung befaßt sind. Es handelt sich hierbei um die so genannten Gehilfen, beispielsweise Prüfungsleiter, Prüfer, Prüfungsassistenten, Mitarbeiter aus der Berichtskritik und der Berichtsfertigung sowie Sachverständige, die der Abschlußprüfer im Zusammenhang mit der Abschlußprüfung zu Rate zieht.[43] Der Abschlußprüfer haftet demnach für seine Gehilfen.[44]

---

[38] Vgl. *Gelter*, M.: Zur ökonomischen Analyse der begrenzten Haftung des Abschlussprüfers, in: WPg, 2005, Heft 9, S. 486 u. S. 494.

[39] PWW-*Schmidt-Kessel*, § 276 RdNr. 6.

[40] Vgl. *Kaminski*, H.: Abschnitt A: Der Beruf des Wirtschaftsprüfers. In: IDW (Hrsg.): WP-Handbuch: Handbuch für Rechnungslegung, Prüfung und Beratung, Band I, 2000, RdNr. A 483.

[41] Vgl. *Nguyen*, T.: Jahresabschlussprüfung aus spieltheoretischer Sicht, in: WPg, 2005, Heft 1-2, S. 18.

[42] Vgl. *Joecks*, W.: Handelsrechtliche Abschlußprüfung und das Recht, in: BFuP , 2004, Heft 3, S. 242.

[43] Vgl. MünchKommHGB-*Ebke*, § 323 RdNr. 15.

[44] Vgl. *Magnus*, U.: Abschlußprüferhaftung in Deutschland. In: *Koziol*, H. / *Doralt*, W. (Hrsg.): Abschlußprüfer - Haftung und Versicherung, 2004, S. 24.

3.1.1 Auftraggeberhaftung (Schadensersatzansprüche des Auftraggebers)

Die Auftraggeberhaftung kann sich neben der deliktsrechtlichen Anspruchsgrundlage auch auf die Verletzung der zivilrechtlichen Vertragsverhältnisse stützen. Unrichtige Auskünfte des Abschlußprüfers gegenüber dem zu prüfenden Unternehmen können demnach zu einer vertraglichen Haftung führen. Entscheidend ist dabei, ob der Abschlußprüfer einen Rechtsbindungswillen aufweist, nicht ob er solche Auskünfte im Vorfeld oder nach der Erstellung des endgültigen Testats abgegeben hat.[45]

Der große Vorteil der vertraglichen Haftung ist, daß diese nur ein fahrlässiges Verschulden verlangt. Außerdem ist die Entlastung um das Versagen von Hilfepersonen ungleich schwieriger als im Deliktsrechts.[46] Die Alternative wird deshalb in dem Zusammenhang gewählt.

<u>Fallbeispiel der Auftraggeberhaftung</u>

Der Abschlußprüfer hatte infolge unzureichender Überprüfung Manipulationen seitens eines Vorstandsmitgliedes nicht erkannt und hatte deshalb Tatsachen, welche zur wesentlichen Beeinträchtigung der Entwicklung der Gesellschaft geführt haben, nicht aufgedeckt. Der Abschlußprüfer erteilte daraufhin einen uneingeschränkten Bestätigungsvermerk, welcher dann mit dem Jahresabschluß gemeinsam veröffentlicht wurde. Da die Manipulationen nicht aufgedeckt wurden, konnten seitens der Organe der Gesellschaft keine Gegenmaßnahmen ergriffen werden und es entstanden der Gesellschaft erhebliche Verluste. Der Abschlußprüfer handelte fahrlässig und erfüllte somit nicht die Pflicht der ordnungsgemäßen Prüfung, was zum Schaden bei der Gesellschaft führte. Da die Tatbestandsvoraussetzungen des § 323 I erfüllt sind, könnte vorliegend Scha-

---

[45] Vgl. *Joecks*, W.: Handelsrechtliche Abschlußprüfung und das Recht, in: BFuP , 2004, Heft 3, S. 242.
[46] Vgl. Ebenda, S. 242.

densersatz in der Höhe des entstandenen Verlustes verlangt werden, soweit dieser im Rahmen der Haftungsbegrenzung gemäß § 323 II liegt.[47]

3.1.2 Dritthaftung

Nicht nur der Auftraggeber sondern auch Dritte, die nicht die direkten Vertragspartner des Abschlußprüfers sind, können unter bestimmten Voraussetzungen Schadensersatzansprüche gegen den Abschlußprüfer geltend machen.[48] Diese werden zum einen aus deliktrechtlichen und zum anderen aus vertrags- bzw. vertragsähnlichen Anspruchsgrundlagen hergeleitet.[49]

3.1.2.1 Deliktische Haftung

Da Dritte nicht in der gleichen Weise wie die Auftraggeber durch die vertrags- bzw. vertragsähnliche Haftung des Abschlußprüfers geschützt werden, wird im Rahmen der Dritthaftung auf die Anspruchsgrundlagen der deliktischen Haftung zurückgegriffen.[50]

Für den Geschädigten ist es dabei von Vorteil, daß der Abschlußprüfer sich nicht auf die Haftungssummenbegrenzung gemäß § 323 II S. 1. und 2. berufen kann.[51]

---

[47] Vgl. *Magnus*, U.: Abschlußprüferhaftung in Deutschland, In: *Koziol*, H. / *Doralt*, W. (Hrsg.): Abschlußprüfer - Haftung und Versicherung, 2004, S. 38.

[48] Vgl. *Joecks*, W.: Handelsrechtliche Abschlußprüfung und das Recht, in: BFuP, 2004, Heft 3, S. 241.

[49] Vgl. *Janert*, I. / *Schuster*, T.: Dritthaftung des Wirtschaftsprüfers am Beispiel der Haftung für Prospektgutachten – Haftungsgrundlagen sowie Möglichkeiten und Schranken der Haftungsbegrenzung, in: BB, 2005, Heft 18, S. 987.

[50] Vgl. *Joecks*, W.: Handelsrechtliche Abschlußprüfung und das Recht, in: BFuP, 2004, Heft 3, S. 242.

[51] Vgl. MünchKommHGB-Ebke § 323 RdNr. 75.

Als Anspruchsgrundlagen der unerlaubten Handlung sind der § 823 II BGB und § 826 BGB zu nennen.[52] Eine Haftung nach § 823 I BGB, der auch eine Haftung für fahrlässiges Handeln vorsieht, ist nur im Falle der Verletzung von absoluten Rechtsgütern vorgesehen. Das Vermögen als solches zählt nicht zu diesen Rechten. Die §§ 823 II und 826 BGB, die als Anspruchsgrundlagen für die Haftung des Abschlußprüfers in Frage kommen, setzen ein vorsätzliches Verschulden voraus. Um die Schadensersatzsprüche gemäß §§ 823 II BGB oder § 826 BGB geltend zu machen, muß der Kläger daher mindestens bedingten Vorsatz beweisen können.[53]

Haftungsvoraussetzungen des § 823 BGB sind z.B. erfüllt,

- wenn der Abschlußprüfer einen unrichtigen Bestätigungsvermerk unterzeichnet, ohne eine Prüfung vorgenommen zu haben,

- er die Prüfungsergebnisse von einem Dritten, welchen er mit der Prüfungsdurchführung beauftragt hatte, übernommen hat,

- sowie ein ordnungsgemäßer Jahresabschluß bereits im Vorfeld – aufgrund von schwerwiegenden Mängeln in der Buchführung – unmöglich war.[54]

In der Praxis wird ein geschädigter Dritte jedoch aufgrund des oftmals schwierigen Nachweises der restriktiven Voraussetzungen (Verletzungen eines Schutzgesetzes, Vorsatz sowie Sittenwidrigkeit), selten zu einem Ersatz des Schadens aus Deliktsrecht gelangen.[55]

---

[52] Vgl. *Marten*, K. / *Quick*, R. / *Ruhnke*, K.: Wirtschaftsprüfung - Grundlagen des betriebswirtschaftlichen Prüfungswesen nach nationalen und internationalen Normen, 2., überarbeitete Auflage, 2003, S. 183.

[53] Vgl. *Joecks*, W.: Handelsrechtliche Abschlußprüfung und das Recht, in: BFuP , 2004, Heft 3, S. 242.

[54] Vgl. *Marten*, K. / *Quick*, R. / *Ruhnke*, K.: Wirtschaftsprüfung - Grundlagen des betriebswirtschaftlichen Prüfungswesen nach nationalen und internationalen Normen), 2., überarbeitete Auflage, 2003, S. 184.

[55] Vgl. Ebenda, S. 184.

3.1.2.2   Vertragliche und vertragsähnliche Ansprüche

Im Gegensatz zu den oben dargestellten Schadensersatzansprüchen aus unerlaubter Handlung [siehe Kapitel 3.1.2.1.] können unter bestimmten Voraussetzungen Haftungsansprüche aus Vertragsverhältnissen auch bei fahrlässigem Fehlverhalten geltend gemacht werden. Grundsätzlich erfaßt die vertragsrechtliche Haftung des BGB jedoch nur Rechtsbeziehungen, die auf die Vertragspartner ausgerichtet sind. [56]

Für Dritte, die hinsichtlich der Abwicklung eines Vertrages geschädigt wurden, sieht das bürgerliche Recht keine vertragsrechtlichen Ansprüche vor. Um diese Regelungslücke zu schließen, wurden von der Rechtsprechung zwei richterrechtliche Rechtsfiguren entwickelt, die soweit ihre Voraussetzungen erfüllt sind, Dritten eine vertragsrechtliche Schadensersatzanspruchsgrundlage gewähren. Dieses sind der Vertrag mit Schutzwirkung zugunsten Dritter und der Auskunftsvertrag. [57]

Von der *Schutzwirkung eines Vertrages zugunsten Dritter* kann unter folgenden Voraussetzungen ausgegangen werden:

- *Leistungsnähe des Dritten,* davon wird gesprochen, wenn der Dritte mit der Leistung des Schuldners an den Gläubiger typischer Weise in Kontakt gerät. Bei Aktionären und Gläubigern ist von einer Leistungsnähe auszugehen, da der Bestätigungsvermerk an unternehmensexterne Personen zu deren Information gerichtet ist.

- *Schutzpflicht des Gläubigers,* hierunter versteht man, daß die Beteiligten explizit einen Dritten in den Schutzbereich aufnehmen wollten. Ferner muß geprüft werden, ob nicht das Schuldverhältnis konkludent auf Dritte ausgeweitet wurde. Ein weiteres

---

[56] Vgl. *Marten, K. / Quick, R. / Ruhnke, K.*: Wirtschaftsprüfung - Grundlagen des betriebswirtschaftlichen Prüfungswesen nach nationalen und internationalen Normen, 2., überarbeitete Auflage, 2003, S. 184.
[57] Vgl. Ebenda, S. 184. f.

Indiz kommt in Betracht, wenn der Auftragnehmer über die anerkannte (und nachgewiesene) Sachkunde verfügt.

- *Erkennbarkeit des Schuldners,* setzt voraus, daß die Aufnahme von Dritten in den Schutzbereich offensichtlich sein muß. Die zu schützende Personengruppe soll dabei überschaubar und unter objektiven Kriterien abgrenzbar sein; eine Nennung von Zahl und Namen gegenüber dem Schuldner ist hierbei nicht entscheidend. [58]

Eine Haftung aus einem Auskunftsvertrag kommt in Betracht, wenn

- der Abschlußprüfer jemanden eine Bescheinigung ausstellt und davon ausgegangen werden kann, daß dieser jene einem Dritten zeigen wird. In diesem Fall haftet der Aussteller der Bescheinigung dem Dritten gegenüber für die Richtigkeit und Vollständigkeit. Jedoch ist diese Haftung durch die neue Rechtssprechung des Bundesgerichtshofes (BGH) eingeschränkt worden. Es soll nunmehr darauf abgestellt werden, ob der Tatbestand darauf schließen läßt, daß die Auskunft vertragliche Rechte und Pflichten mit sich bringt. Nur solche Fälle schließen eine Haftung mit ein.[59]

3.1.2.3 Dritthaftung: Fall der Leitentscheidung des Bundesgerichtshofs

Einem Kaufinteressenten der geprüften Gesellschaft wurde seitens des Abschlußprüfers zugesichert, daß der Jahresabschluß einen Überschuß von DM 2,6 Mio. ausweist. Dies geschah zu einem Zeitpunkt, zu den die Pflichtprüfung noch nicht abgeschlossen war. Der Interessent kaufte aufgrund dieser Aussage die prüfende Gesellschaft für DM 2,5 Mio. Als die Prüfung abgeschlossen war, stellte sich jedoch heraus, daß ein Verlust von DM 11. Mio. besteht. Der Käufer verklagte daraufhin den Abschlußprüfer zu einer Schadens-

---

[58] Vgl. Ebenda, S. 184. f.

[59] Vgl. *Marten, K. / Quick, R. / Ruhnke, K.*: Wirtschaftsprüfung - Grundlagen des betriebswirtschaftlichen Prüfungswesen nach nationalen und internationalen Normen, 2., überarbeitete Auflage, 2003, S. 185.

ersatzzahlung von DM 2,5 Mio. Da er unter den tatsächlich gegebe-
nen Voraussetzungen das Unternehmen nicht erworben hätte. [60]

Der BGH gab der Klage des Klägers statt und stützte sich dabei
maßgeblich auf das Institut des Vertrags mit der Schutzwirkung
Dritter. Der Abschlußprüfer wird in den Fällen gegenüber Dritten
schadensersatzpflichtig, in denen er die Prüfung einer Kapitalgesellschaft übernommen hat und für ihn hinreichend ersichtlich ist, daß
von ihm eine besondere Leistung begehrt wird. Die besondere Leistung besteht darin, daß die Prüfung gegenüber einem Dritten, der
auf seine Sache vertraut, verwendet wird. [61]

3.1.2.4   Dritthaftung am Beispiel der Prospekthaftung

In Deutschland sind geschädigte Anleger nicht in einer den
Verhältnissen in den Vereinigten Staaten vergleichbaren Weise
durch die Anspruchsgrundlage der Prospekthaftung geschützt. Dies
ist darauf zurückzuführen, daß die Prospekthaftung in den Vereinigten Staaten auf einer grundlegend anderen Rechtsgrundlage be-
ruht. Nach Section 11 (a) (4) des 33 Act ist die Möglichkeit gegeben,
daß der Abschlußprüfer grundsätzlich gegenüber allen Personen,
die im Rahmen des öffentlichen Angebots Wertpapiere gekauft haben, haftet. Diese Anspruchsgrundlage setzt voraus, daß der
Abschlußprüfer in dem Verkaufsprospekt als eine der Personen ge-
nannt wird, die den ganzen oder einen Teil des Prospektes erstellt,
überprüft oder für gut befunden hat. Dies ist z. B. der Fall, wenn der
Bestätigungsvermerk gezeichnet worden ist. Allerdings kann der
Abschlußprüfer nur für den Teil zur Rechenschaft gezogen werden,
welchen er auch zu verantworten hat und welcher falsch oder irre-
führend ist. [62]

---

[60] BGH, [1998], NJW, 1948
[61] Vgl. *Magnus*, U.: Abschlußprüferhaftung in Deutschland. In: *Koziol*, H. / *Doralt*, W. (Hrsg.): Abschlußprüfer - Haftung und Versicherung, 2004, S. 32.
[62] Vgl. *Heukamp*, W.: Brauchen wir eine kapitalmarktrechtliche Dritthaftung von
Wirtschaftsprüfern, in: ZHR, 2005, 169. Band, S. 494. u. S. 480.

Die Prospekthaftung zählt jedoch auch in Deutschland zu einer der bekanntesten Anspruchsgrundlagen im Rahmen der Dritthaftung.[63]

Die Rolle des Wirtschaftsprüfers ist für Investoren, die den Jahresabschluß als Kontroll- und Informationsgrundlage nutzen, oftmals von großer Bedeutung. Denn die Investoren können davon ausgehen, daß der Abschluß innerhalb prüfungsbedingter Grenzen geprüft ist und somit nach Maßgabe des einschlägigen Regelwerks ordnungsgemäß aufgestellt worden ist.[64]

Fraglich ist, inwieweit der Wirtschaftsprüfer bei einem fehlerhaften Prospektgutachten, welches die Anlegerentscheidung mit beeinflußt hat, gegenüber dem einzelnen Anleger haftbar gemacht werden kann.

Die Reichweite der Prospekthaftung soll hier anhand von zwei unterschiedlichen Fallgestaltungen veranschaulicht werden.

Beispiel 1:

Im Falle, daß der „Bestätigungsvermerk" zum letzten geprüften Jahresabschluß in dem Verkaufsprospekt gedruckt und zudem eine Erklärung des Wirtschaftsprüfers abgegeben wurde, daß hinsichtlich der Vorprüfung zur Jahresabschlußprüfung für das folgende Geschäftsjahr keinerlei Anhaltspunkte für eine vom Vorjahr abweichen Beurteilung bekannt geworden ist, wird der Wirtschaftsprüfer nicht prospekthaftungsrechtlich verantwortlich gemacht.[65]

Nach der Rechtssprechung des BGH umfaßt der Schutzbereich des Abschlußprüfvertrags - der zwischen Kapitalgesellschaft und einem Abschlußprüfer besteht - auch Dritte. Der Umfang und das Bestehen des Drittschutzes sind je nach Fall **durch Auslegung** zu

---

[63] Vgl. *Janert*, I. / *Schuster*, T.: Dritthaftung des Wirtschaftsprüfers am Beispiel der Haftung für Prospektgutachten - Haftungsgrundlagen sowie Möglichkeiten und Schranken der Haftungsbegrenzung, in: BB, 2005, Heft 18, S. 991.

[64] Vgl. *Heukamp*, W.: Brauchen wir eine kapitalmarktrechtliche Dritthaftung von Wirtschaftsprüfern, in: ZHR, 2005, 169. Band, S. 472. f.

[65] Vgl. BGH-Urteil vom 15.12.2005 – III ZR 424/04

ermitteln. Jedoch gibt der Senat zu bedenken, daß nicht davon ausgegangen werden kann, daß der Abschlußprüfer bereit ist, ein soweit gefaßtes Haftungsrisiko zu übernehmen. Das Haftungsrisiko würde unter den Umständen eine unüberschaubare große Anzahl von Gläubigern oder Anteilserwerbern umfassen.[66]

Beispiel 2:

Übernimmt ein Wirtschaftsprüfer im Rahmen eines Kapitalanlagemodells die regelmäßige Überprüfung der Einzahlungen der Anleger und der Mittelverwendung und führt er diese Kontrolle tatsächlich jedoch nicht in dem den Anlegern versprochenen Umfang durch, haftet er späteren Anlegern auf Schadensersatz aus Verschulden bei Vertragschluß, wenn diese im Vertrauen auf die Richtigkeit früherer Testate Geldanlagen getätigt haben und der Wirtschaftprüfer damit rechnen mußte.[67]

Der Wirtschaftsprüfer konnte sich in dem konkreten Fall nicht darauf berufen, daß er nur mit der Kontrolle der Konten beauftragt sei. Der von ihm mitgeschaffene Vertrauenstatbestand verpflichtete ihn in dem vorliegenden Fall, daß er Unzulänglichkeiten im Geschäftsbetrieb des Auftraggebers und Abweichungen zwischen den Angaben des Anlageprospekts und dem Gegenstand seines Prüfungsauftrags feststellte, zur Ergreifung geeigneter Maßnahmen.[68]

3.1.3 Berufshaftpflichtversicherung

Gemäß § 54 I WPO sind selbständige Wirtschaftsprüfer und Wirtschaftsprüfungsgesellschaften **berufshaftpflichtversicherungspflichtig**. Der Versicherungsschutz ist gemäß § 54 I S. 2 WPO in Verbindung mit § 323 II auf einen Mindestdeckungssumme von 1 Mio. € je Fall festgesetzt. Gemäß § 54 a I WPO kann der Versicherungsnehmer durch die Verwendung von vorformulierten Ver-

---

[66] Vgl. *o. V.*: Wirtschaftsprüferhaftung, in: der Betrieb, 2006, Heft 7, S. 385.
[67] Vgl. BGH-Urteil vom 26.09.2000 – X ZR 94/98
[68] Vgl. Ebenda

tragsbedingungen seine Haftung auf das vierfache der Mindestdeckungssumme (4 Mio. €) begrenzen.[69]

3.1.4 Verjährung

In Bezug auf die Verjährung der oben dargestellten Schadensersatzansprüche ist zu berücksichtigen, daß zwischen der Verursachung und dem Erkennen eines möglichen beruflichen Fehlverhal-
tens meist eine Zeitspanne von vier bis sechs Jahren liegt. Oftmals
führt erst eine Betriebsprüfung, welche i. d. R. alle vier Jahre erfolgt,
zu solchen Erkenntnissen. Zudem kommen Fälle hinzu, wo die Betriebsprüfung steuerliche Gestaltungen beanstandet, welche ehemals ohne Probleme anerkannt worden sind. Dabei handelt es sich
um Tatbestände, die über zehn Jahre zurückliegen können.[70]

Die ehemalige Verjährungsfrist von fünf Jahren ist durch das
WPRefG am 01.12.2003 aufgehoben worden. Seitdem gilt die drei-
jährige Verjährungsfrist gemäß § 195 BGB.[71] Dieselbe Frist besteht,
soweit konkurrierende Ansprüche aus Vertrags- oder Deliktsrecht
in Betracht kommen. Die Verjährungsfrist kann für vertragliche Haftungsansprüche abgeändert werden. Die Verkürzung der Verjährungsfrist ist bei der deliktsrechtlichen Schadensersatzpflicht nicht
möglich.[72]

---

[69] Vgl. *Gräfe*, J. / *Brügge*, M.: Vermögensschaden-Haftpflichtversicherung: Die
Berufshaftpflichtversicherung für Rechtsanwälte, Steuerberater, Wirtschaftsprüfer und Notare, 2006, S. 32. f.
[70] Vgl. *Pohl*, U.: Haftung und Berufshaftpflichtversicherung der Wirtschaftsprüfer, in: WPg, 2004, Heft 9, S. 460 f.
[71] Vgl. *Hopt*, HGB, 32., neubearbeitete und erweiterte Auflage, 2006, § 323 RdNr.
12.
[72] Vgl. *Magnus*, U.: Abschlußprüferhaftung in Deutschland. In: *Koziol*, H. / *Doralt*, W. (Hrsg.): Abschlußprüfer - Haftung und Versicherung, . 2004, S. 28.

3.2 Berufsrechtliche Ahndung

Durch ein vorsätzlich oder fahrlässig verursachtes berufliches Fehlverhalten muß der Abschlußprüfer nicht nur mit zivilrechtlichen Schadensersatzverpflichtungen rechnen. Es drohen auch berufsrechtliche Folgen.[73]

Dies geht schon aus dem Wortlaut des § 43 I .WPO hervor:

„Der Wirtschaftsprüfer hat seinen Beruf unabhängig, gewissenhaft, verschwiegen und eigenverantwortlich auszuüben. Er hat sich insbesondere bei der Erstattung von Prüfungsberichten und Gutachten unparteiisch zu verhalten."

Letztendlich können durch Berufspflichtverletzungen (§ 43 WPO) berufsgerichtliche Maßnahmen gemäß §§ 67 ff. WPO eingeleitet werden.[74] Zu diesen zählen gemäß § 68 WPO die Warnung, der Verweis, eine Geldbuße bis zu 100.000,00 €, das Verbot in bestimmten Tätigkeitsgebieten für die Dauer bis zu fünf Jahren zu arbeiten, ein Berufsverbot von fünf Jahren sowie die Ausschließung aus dem Beruf.

3.3 Strafrechtliche Sanktionen / Maßnahmen

Das Handelsgesetzbuch sieht für den Abschlußprüfer eigene Strafvorschriften vor.

---

[73] Vgl. *Quick*, R.: Geheimhaltungspflicht des Abschlußprüfers: Strafrechtliche Konsequenzen bei Verletzung, in: BB, 2004, Heft 27, S. 1490.

[74] Vgl. *Joecks*, W.: Handelsrechtliche Abschlußprüfung und das Recht, in: BFuP , 2004, Heft 3, S. 240.

3.3.1 Verletzung der Berichtspflicht (§332)

Die strafrechtliche Verantwortung des Abschlußprüfers bei einer schuldhaften Verletzung der in § 323 normierten Verhaltenspflichten wird in § 332 geregelt.[75]

Unter dem Begriff „ Verletzung der Berichtspflicht" fallen folgende drei Tatbestände:

1. unrichtige Berichterstattung
2. Verschweigen erheblicher Umstände im Prüfungsbericht
3. Erteilung eines unrichtigen Bestätigungsvermerks.[76]

Bei der Verletzung der Berichtspflicht seitens des Abschlußprüfers oder des Gehilfen eines Abschlußprüfers droht gemäß § 332 I eine Freiheitsstrafe von bis zu drei Jahren oder Geldstrafe. Handelt er gemäß § 332 II gegen Entgelt oder in der Absicht, sich oder einen Anderen zu schädigen, so kann eine Freiheitsstrafe bis zu fünf Jahren oder eine Geldstrafe verhängt werden. Es gibt in der Praxis jedoch bisher keine Verurteilung zu § 332. Dies sagt jedoch noch nichts über die Relevanz der Vorschrift aus. Da wegen dieses Tatbestandes Ermittlungsverfahren eingeleitet und durchgeführt wurden, erhielten die Kläger die Möglichkeit gemäß § 406 e StPO, Einsicht in die Ermittlungsakten und konnten deswegen Informationen einholen, welche ihnen in einem zivilprozessualen Klageverfahren weiter helfen können. Weiterhin ist davon auszugehen, daß viele Verfahren gegen Zahlung eines Geldbetrages gemäß § 153 ff. StPO eingestellt wurden.[77]

---

[75] Vgl. *Klempt*, A.: Ökonomische Analyse der Änderungen von Inhalt und Prüfung des Lageberichts durch das KonTraG, 2004, S. 198.

[76] Vgl. *Joecks*, W.: Handelsrechtliche Abschlußprüfung und das Recht, in: BFuP , 2004, Heft 3, S. 245.

[77] Vgl. Ebenda, S. 249.

3.3.2 Verletzung der Geheimhaltungspflicht (§ 333)

Es besteht weiterhin die Möglichkeit, daß der Abschlußprüfer sich wegen einer Verletzung der Geheimhaltungspflicht gemäß § 333 I strafbar macht. Diese Strafnorm sieht eine Freiheitsstrafe von bis zu einem Jahr oder eine Geldstrafe vor. Werden die Qualifikationen des § 333 II S. 1 (Handeln gegen Entgelt oder mit Bereicherungs- und Schädigungsabsicht) erfüllt, kann sich das Strafmaß auf bis zu zwei Jahre erhöhen.

Beispiele:

1) *Der Abschlußprüfer erlangt im Rahmen der Prüfung von einer geplanten Unternehmensübernahme Kenntnis und erwirbt in Erwartung von Kurssteigerungen entsprechende Anteile.*[78]

Im vorliegenden Fall handelt es sich um den Mißbrauch von Insiderinformationen. Demnach wird kein Geheimnis verraten, es wird jedoch ein Informationsvorsprung genutzt. Dies reicht bereits zur Beeinträchtigung des in den Prüfer gesetzten Vertrauens. Es kommt, somit einem Mißbrauch geheimer Informationen zur Erlangung privater Vorteile gleich.[79]

2) *Der Abschlußprüfer bewahrt geheime Unterlagen nicht sicher auf und nimmt hiermit in Kauf, daß Nichtberechtigte die Unterlagen einsehen.*

Hier ist zu unterscheiden, ob der Täter versehentlich die tatsächlichen Voraussetzungen nicht erkannt hat oder ob er aus der richtigen Kenntnis der Umstände den falschen Schluß zieht. Im Falle der ersten Alternative wird gemäß § 16 StGB der Vorsatz ausgeschlossen. Die zweite Alternative wird jedoch als Verbotsirrtum gemäß § 17 StGB qualifiziert. Dieser führt nur im Falle des unvermeidlichen Irrtums zu einem Ausschluß der strafrechtlichen Verantwortung des Täters.[80]

---

[78] Vgl. *Quick*, R.: Geheimhaltungspflicht des Abschlußprüfers: Strafrechtliche Konsequenzen bei Verletzung, in: BB, 2004, Heft 27, S. 1493.

[79] Vgl. *Quick*, R.: Geheimhaltungspflicht des Abschlußprüfers: Strafrechtliche Konsequenzen bei Verletzung, in: BB, 2004, Heft 27, S. 1493.

[80] Vgl. Ebenda, S. 1493.

3.4 Ordnungsrechtliche Konsequenzen

Erteilt eine Person bei gegebener Prüfungspflicht einen Bestätigungsvermerk, obwohl er oder die von ihm vertretene Gesellschaft gemäß §319 II nicht befugt war, als Abschlußprüfer tätig zu sein, so liegt gemäß § 334 II eine Ordnungswidrigkeit vor. Eine Ordnungswidrigkeit ist dann gegeben, wenn die Handlung nur mit einer Geldbuße geahndet wird (§ 1 OWiG). Diese Zuwiderhandlung stellt kein kriminelles Unrecht dar. Die Geldbuße ist somit als nachdrückliche Pflichtermahnung zu betrachten und nicht als Strafe. Aus dem § 10 OWiG geht hervor, daß als Ordnungswidrigkeit nur vorsätzliches Handeln geahndet werden kann.[81]

---

[81] Vgl. *Marten*, K / *Quick*, R. / *Ruhnke*, K.: Wirtschaftsprüfung - Grundlagen des betriebswirtschaftlichen Prüfungswesen nach nationalen und internationalen Normen, 2., überarbeitete Auflage, 2003, S. 195.

4 US-Sarbanes-Oxley-Act (SOA)

Die USA reagierte hinsichtlich der gehäuften Anzahl von Unternehmenszusammenbrüchen mit der Verabschiedung des Sarbanes-Oxley-Act (SOA), welcher am 30.07.2002 in Kraft trat.[82] Dieser soll die Sicherung der Qualität der Abschlußprüfungen und die Unabhängigkeit der Abschlußprüfer gewährleisten.[83] Durch das Sarbanes-Oxley-Act wurde u. a. eine berufsstandsunabhängige Aufsicht, das Public Company Accounting Oversight Board (PCAOB), eingerichtet.[84] Seine Berufsaufsichtskommission ist beschränkt auf die Prüfer, welche Prüfungen bei Securities Exchange Commission (SEC) registrierten Unternehmen erbringen. Die Einführung des PCAOB verfolgt das Ziel, die Prüfungsqualität zu erhöhen und als Konsequenz hieraus, das Vertrauen der Kapitalmarktnehmer in die geprüften Unternehmensberichte zurück zu erlangen.[85]

Die Regelungen des SOA müssen nicht nur auf sämtliche US-Prüfungsgesellschaften und US-gelisteten Unternehmen und deren Tochtergesellschaften angewendet werden, sondern auch auf deutsche Prüfungsgesellschaften, welche Prüfungsleistungen für SEC-Zwecke erbringen (Sec 106 SOA). Die deutschen Prüfungsgesellschaften, die Jahresabschlüsse von in den Vereinigten Staaten notierten Untenehmen prüfen, müssen sich beim PCAOB registrieren lassen.[86]

---

[82] Vgl. *Justenhoven*, P. / *Krawietz*, M.: Prüfungsansatz nach Enron, in: BPuP, 2006, Heft 1, S.62.

[83] Vgl. *Veltins*, M.: Verschärfte Unabhängigkeitsanforderungen an Abschlussprüfer, in: der Betrieb, 2004, Heft 8, S. 446.

[84] Vgl. *Marten*, K. / *Köhler*, A.: Vertrauen durch öffentliche Aufsicht - Die Abschlussprüferaufsichtskommission als Kernelement der WPO-Novellierung, in: WPg, 2005, Heft 4, S. 145. f.

[85] Vgl. *Böcking*, H. / *Dutzi*, A.: Neugestaltung der Berufsaufsicht für Wirtschaftsprüfer, in: BFuP, 2006, Heft 1, S. 4. f.

[86] Vgl. *Justenhoven*, P. / *Krawietz*, M.: Prüfungsansatz nach Enron, in: BPuP, 2006, Heft 1, S. 62-63.

Auf diese Entwicklung wurde in Deutschland mit der Einführung einer Abschlußprüferaufsichtskommission (APAK) [siehe Kapitel 7.2.2.] reagiert.[87]

Der SOA verfolgt jedoch teilweise ein anderes Konzept als das Deutsche. Hier werden rigoros eine Menge der Beratungsleistungen, welche nicht im direkten Bezug mit der Abschlußprüfung stehen, gemäß Sec. 201 u. a. verboten:

- Buchhaltungsarbeiten,
- Design und Implementierung von Finanzinformationssystemen,
- Bewertungsgutachten,
- Versicherungsmathematische Berechnungen
- Interne Revision
- Management und Personalfunktionen,
- Tätigkeiten als Makler, Investmentberater oder im Investment Bankingbereich
- sowie Rechtsberatung und Expertenleistungen, die in keiner Verbindung mit der Prüfungstätigkeit stehen („unrelated to the audi").[88]

---

[87] Vgl. *Marten*, K. / *Köhler*, A.: Vertrauen durch öffentliche Aufsicht - Die Abschlussprüferaufsichtskommission als Kernelement der WPO-Novellierung, in: WPg, 2005, Heft 4, S. 145. f.
[88] *Veltins*, M.: Verschärfte Unabhängigkeitsanforderungen an Abschlussprüfer, in: der Betrieb, 2004, Heft 8, S. 446.

5 Deutsches Corporate Governance

Der Begriff „Corporate Governance" wird häufig einfach als Unternehmensleitung,
-führung, und -kontrolle übersetzt, welcher sich mit dem Ziel des Interessenausgleichs zwischen den unterschiedlichen Anspruchsgruppen (Eigenkapitelgeber, Manager, Mitarbeiter, Fremdkapitalgeber, Lieferanten, Kunden, Öffentlichkeit) auseinandersetzt.[89]

Cadbury definiert Corporate Governance als:

„*the system by which companies are directed and controlled.*"[90]

Das deutsche Corporate Governance-System der börsennotierten Aktiengesellschaften nähert sich immer mehr dem marktorientierten Ansatz der USA an. Dies ist u. a. auch auf die regulativen Eingriffe zurückzuführen, welche zur Zeit in beiden Ländern stattfinden, um das Vertrauen der Anleger zurückzuerlangen.[91]

Die Diskussion über Corparate Governance hatte nicht nur Auswirkungen auf den   10-Punkte-Plan der Bundesregierung zum „Anlegerschutz und Unternehmensintegrität", sondern fand auch bei der Verfassung des Gesetzes zur Kontrolle und Transparenz im Unternehmensbereich (KonTraG), des Gesetzes zur Namensaktie und zur Erleichterung der Stimmrechtsausübung (NaStraG) und des Transparenz und Publizitätsgesetzes (TransPuG), der Entscheidungsfindung der Cromme-Kommission (Corparate Governance Kodex) [92] sowie dem 10-Punkte-Aktionsplan der EU-Kommission Berücksichtigung. [93]

---

[89] Vgl. *Wall*, F.: Kompatibilität des betriebswirtschaftlichen Risikomanagement mit den gesetzlichen Anforderungen?, in: WPg, 2003, Heft 9, S. 467.

[90] *Seibert*, U.: Stand und Perspektive der Reformbestrebungen aus dem Blickwinkel des Aufsichtsrats. In: *Freidank*, C. (Hrsg.): Reform der Rechnungslegung und Corporate Governance in Deutschland und Europa, 2004, S. 193.

[91] Vgl. *Böcking*, H. / *Dutzi*, A.: Neugestaltung der Berufsaufsicht für Wirtschaftsprüfer, in: BFuP, 2006, Heft 1, S. 2.

[92] Vgl. *Seibert*, U.: Stand und Perspektive der Reformbestrebungen aus dem Blickwinkel des Aufsichtsrats. In: *Freidank*, C. (Hrsg.): Reform der Rech-

Durch die Vielzahl der Reformen und Modernisierungsmaßnahmen in Hinblick auf Corporate Governance, wurde die Regulierungsdichte in diesem Rechtsgebiet erheblich erhöht. Wichtige Aspekte im Rahmen der Corporate Governance sind:

- **die Risikofrüherkennung,**
- **die Prüfung der internen Revision,**
- **sowie externe Überwachungsmaßnahmen.**[94]

Die Begriffe stehen in direktem Wechselspiel mit dem „Risikomanagement", das durch die im KonTraG vorgesehenen Gesetzesneuerungen veranlaßt wurde[95]und in Kapitel 6.3.2.2. dargestellt wird.

Die folgende Abbildung veranschaulicht, wie die beteiligten Akteure unmittelbar mit den gesetzlichen Vorgaben zur Risikofrüherkennung und Risikoberichterstattung konfrontiert werden. Diese verschiedenen Adressaten suchen nach einem Interessenausgleich, die bei den verschiedenen Interessenlagen nicht immer einfach ist.[96] Es besteht ein Zielkonflikt zwischen der Unternehmensführung und der externen Prüfung. Während die Unternehmensführung versucht die Chancen zu maximieren, ist es Hauptziel der externen Prüfung das Risiko zu minimieren.[97]

---

nungslegung und Corporate Governance in Deutschland und Europa, 2004, S. 193.

[93] Vgl. *Lanfermann*, G.: Vorschlag der EU-Kommission zur Modernisierung der EU-Prüferrichtlinie, in: Der Betrieb, 2004, Heft 12, S. 609.

[94] Vgl. *Paetzmann*, K.: Enterprise Risk Management: Zum Einfluss der Governance-Reformen auf das Controlling und die Überwachung, in: ZP, 2005, Band 16, S. 267 f.

[95] Vgl. *Berens*, W. / *Schmitting*, W.: Zum Verhältnis von Controlling, Interner Revision und Früherkennung. In: *Freidank*, C. (Hrsg.): Corporate Governance und Controlling, 2004, S. 65.

[96] Vgl. *Wall*, F.: Kompatibilität des betriebswirtschaftlichen Risikomanagement mit den gesetzlichen Anforderungen?, in: WPg, 2003, Heft 9, S. 468.

[97] Vgl. *Paetzmann*, K.: Enterprise Risk Management: Zum Einfluss der Governance-Reformen auf das Controlling und die Überwachung, in: ZP, 2005, Band 16, S. 267. f.

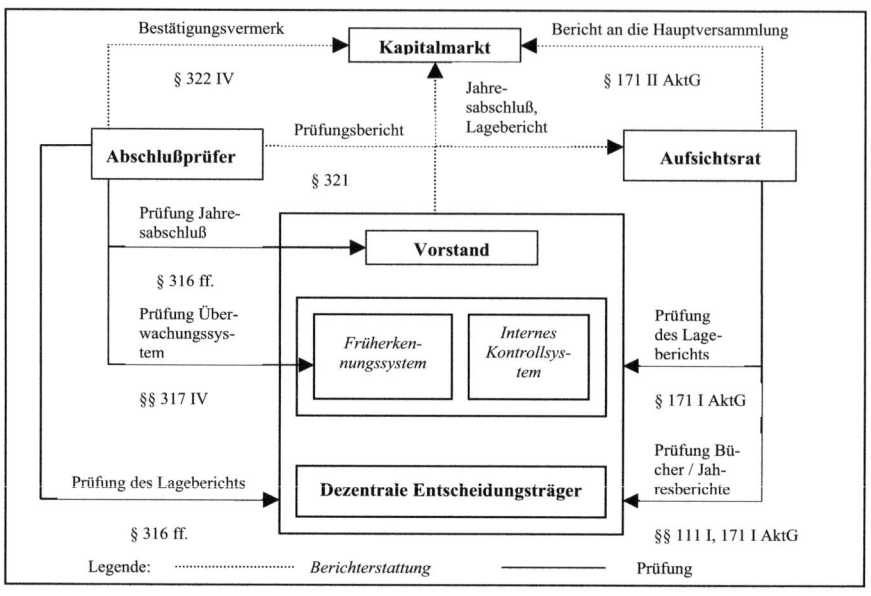

Der Aufbau eines nach den Grundsätzen der Corporate Governance entwickelten Überwachungssystems soll anhand der folgenden Abbildung, welche auf Grundlage eines Praxisbeispiels der Daimler Chrysler AG erstellt wurde, veranschaulicht werden.

Abb. 5: Akteure im Rahmen von Risikoüberwachung und -berichterstattung nach KonTraG

Quelle: Wall, F.: Kompatibilität des betriebswirtschaftlichen Risikomanagement mit den gesetzlichen Anforderungen?, in: WPg, 2003, Heft 9, S. 468 (eigene Darstellung).

Der Aufbau eines nach den Grundsätzen der Corporate Governance entwickelten Überwachungssystems soll anhand der folgenden Abbildung, welche auf Grundlage eines Praxisbeispiels der Daimler Chrysler AG erstellt wurde, veranschaulicht werden.

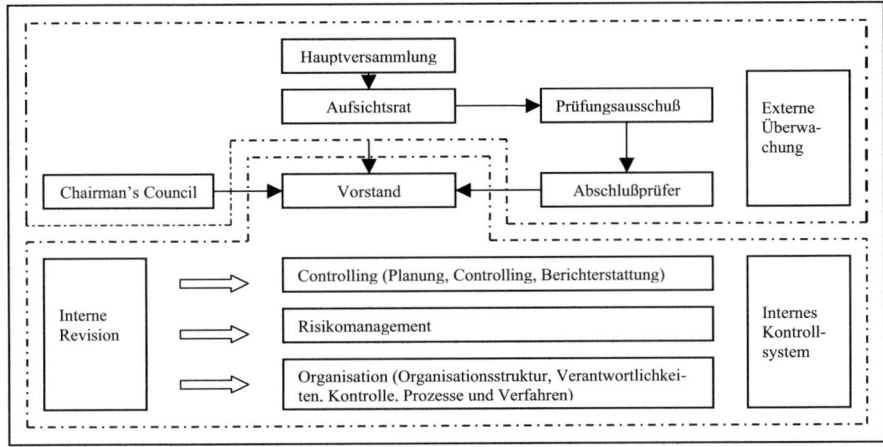

Abb. 6: *Überwachungssystem der Daimler-Chrysler AG einschließlich Controlling und Risiko-management*

Quelle: Paetzmann, K.: Enterprise Risk Management: Zum Einfluß der Governance-Reformen auf das Controlling und die Überwachung, in: ZP, 2005, Band 16, S. 268 (eigene Darstellung).

Es wird offensichtlich, daß die Bedeutung der Überwachungs-
systeme zugenommen hat. Bei genauerer Überprüfung der einzelnen Reformbemühungen fällt allerdings auf, daß das interne Überwachungssystem dabei in den Hintergrund der Betrachtung geraten
ist. Funktioniert oder existiert dieses jedoch nicht, so ist es unmöglich, daß die gutgemeinten unternehmensexternen Vorgaben zur
Corporate Governance allein eine Unternehmenskrise vermeiden. [98]
Ein funktionsfähiges Kontrollsystem ist somit eine Grundvorausset-
zung für ein angemessenes Risikomanagement.[99]

---

[98] Vgl. *Paetzmann,* K.: Enterprise Risk Management: Zum Einfluss der Governance-Reformen auf das Controlling und die Überwachung, in: ZP, 2005,
Band 16, S. 267. f.

[99] Vgl. *Göttgens,* M. / *Wolfgarten,* W.: Die Prüfung des internen Kontrollsystems
von Kreditinstituten im Rahmen der Abschlussprüfung (Teil I), in: WPg,
2005, Heft 24, S. 1364.

6 Übersicht über die Bestimmungen aus dem Gesetz zur Kontrolle und Transparenz im Unternehmensbereich (KonTraG)

6.1 Regelungsbereich des KonTraG

Zur Reform des Aktienrechts wurde am 05.03.1998 das Gesetz zur Kontrolle und Transparenz im Unternehmensbereich (KonTraG) verabschiedet.[100] Es trat am 01.05.1998 in Kraft.[101] Dieses Gesetz stellt als Rahmengesetz kein in sich geschlossenes einheitliches Gesetz dar, sondern enthält die in den jeweiligen Gesetzbüchern zu ändernden Vorschriften. Die Neufassungen und Ergänzungen betreffen insbesondere das HGB und das AktG. Weitere von den in KonTraG enthaltenen Änderungsbestimmungen betroffene Gesetze sind das Publizitätsgesetz, das Genossenschaftsgesetz, das Wertpapierhandelsgesetz, die Börsenzulassungs-Verordnung, die Wirtschaftsprüferordnung, das Gesetz über die Angelegenheiten der freiwilligen Gerichtsbarkeit, das Gesetz über Kapitalanlagegesellschaften, das GmbHG, das Einführungsgesetz zum AktG sowie das Einführungsgesetz zum HGB.[102] Diese Vorschriften waren zumeist erstmals in den auf den 31.12.1998 folgenden Geschäftsjahren zu beachten.[103]

---

[100] Vgl. *Giese*, R.: Die Prüfung des Risikomanagementsystems einer Unternehmung durch den Abschlußprüfer gemäß KonTraG, in: WPg, 1998, Heft 10, S. 451.

[101] Vgl. Gesetz zur Kontrolle und Transparenz im Unternehmensbereich (KonTraG), in: BGBl., 1998, Heft 24, S. 794.

[102] Vgl. *Meyding*, T. / *Mörsdorf*, R.: Neuregelungen durch das KonTraG und Tendenzen in der Rechtsprechung, In: *Saitz*, B. / *Braun*, F. (Hrsg.): Das Kontroll- und Transparenzgesetz: Herausforderungen und Chancen für das Risikomanagement, 1999, S. 5.

[103] „Positionspapier IDW Vorschläge zur Verbesserung der Unternehmensüberwachung („KonTraG II")"; siehe URL: www.iasifrs.de/inhalt/gesetzl_grundl/kontrag/kontrag2_idw.pdf, S. 2. [Stand 08.08.2006]

6.2   Intentionen (Ziele) des KonTraG

Durch die Verabschiedung des KonTraG sollten vor allem zwei Problementwicklungen berücksichtigt werden:

Die eine ist das Spannungsfeld zwischen den deutschen, vorsichtsgeprägten, tendenziell gläubigerorientierten Bilanzierungsvorschriften des HGB und dem True-and-fair-view-Gedanken des anglo-amerikanischen Rechtsraums.[104] Der True-and-fair-view-Gedanke erhält durch die Internationalisierung des Kapitalmarkts eine zunehmende Bedeutung.[105]

Das andere Problemfeld stellt die Glaubwürdigkeit der Unternehmensüberwachung dar, die durch die zunehmende Zahl an Unternehmenszusammenbrüchen geschwächt wurde.[106]

Den Abschlußprüfern wurde vorgeworfen, daß die Prüfungsintensität nicht den tatsächlichen Erfordernissen entspreche und es der Berichterstattung an der erforderlichen Aussagekraft fehle.[107] Die neue Gesetzgebung sieht daher eine Ausdehnung des Umfangs der gesetzlichen Abschlußprüfung vor.[108] Es sollen vorhandene Kontrollmechanismen ausgebaut und eine Annäherung an internationale Standards erreicht werden.[109] Weiterhin soll der Prüfungsbe-

---

[104] Zu den zählen mitunter die Vereinigten Staaten; Vgl. Achleitner, A. / Behr, G.: International Accounting Standards (Ein Lehrbuch zur internationalen Rechnungslegung), 2003, S. 13.

[105] Vgl. *Zitzelsberge*r, S: Überlegungen zur Einrichtung eines nationalen Rechnungslegungsgremiums in Deutschland, in: WPg 1998, Heft 7, S. 247.

[106] Vgl. *Böcking*, H. / *Orth*, C.: Kann das "Gesetz zur Kontrolle und Transparenz im Unternehmensbereich (KonTraG)" einen Beitrag zur Verringerung der Erwartungslücke leisten? Eine Würdigung auf Basis von Rechnungslegung und Kapitalmarkt, in: WPg, 1998, Heft 8, S. 351.

[107] Vgl. *Schütte*, J.: Risikomanagementsysteme - Ausgestaltung und Prüfung durch den Abschlussprüfer gemäß § 317 IV HGB, 2002, S. 5.

[108] Vgl. *Wiedmann*, H.: Ansätze zur Fortentwicklung der Abschlußprüfung, in: WPg, 1998, Heft 7, S. 340.

[109] Vgl. *Böcking*, H. / Orth, C.: Kann das „Gesetz zur Kontrolle und Transparenz im Unternehmensbereich (KonTraG)" einen Beitrag zur Verringerung der

richt ausführlichere Informationen zu bestehenden und drohenden Risiken der geprüften Unternehmen beinhalten. [110]

Die im KonTraG enthaltenen Neuerungen erhöhen somit die Anforderungen an den Prüfungsinhalt und den Prüfungsbericht. Dem Aufsichtsrat wird somit die Möglichkeit geboten, schneller auf drohende Fehlentwicklungen reagieren zu können[111] Es soll außerdem den Transparenzanforderungen des Kapitalmarktes entsprochen werden[112] und somit die Attraktivität des deutschen Kapitalmarkts gesteigert werden.[113]

Die gesetzlichen Neuregelungen, welche sich aus dem KonTraG ergeben, haben somit die Erhöhung der Unabhängigkeit des Abschlußprüfers, die Verbesserung der Aussagekraft des Prüfungsberichts und des Bestätigungsvermerks zum Ziel.[114]

Die im folgenden Kapitel erläuterten Konsequenzen auf die Abschlußprüfung bringen ansteigende Anforderungen bzw. ein gesteigertes Maß an Verantwortung an den Abschlußprüfer mit sich.[115]

Erwartungslücke leisten? – Eine Würdigung auf Basis von Rechnungslegung und Kapitalmarkt, in: WPg, 1998, Heft 8, S. 351 f.

[110] Vgl. *Schütte*, J.: Risikomanagementsysteme - Ausgestaltung und Prüfung durch den Abschlussprüfer gemäß § 317 IV HGB, 2002, S. 5.

[111] Vgl. Ebenda, S. 5.

[112] Vgl. *Zitzelsberger*, S.: Überlegungen zur Einrichtung eines nationalen Rechnungslegungsgremiums in.HGB, 2002, S. 5.Deutschland, in: WPg, 1998, Heft 7, S. 247.

[113] Vgl. *Schütte*, J.: Risikomanagementsysteme - Ausgestaltung und Prüfung durch den Abschlussprüfer gemäß § 317 IV, 2002, S. 5.

[114] Vgl. *Veidt*, R.: Die Tätigkeit der Wirtschaftsprüfer und vereidigten Buchprüfer: Kurzdarstellung der Aufgaben und Möglichkeiten des Berufsstandes, 2001, S. 9.

[115] Vgl. *Ludewig*, R. / *Olbrich*, T.: Die gesteigerte Verantwortung de Abschlußprüfers nach dem KonTraG – Hilfsmittel zu deren Bewältigungen (zur Anwendung eines Bilanz-Rating-Systems bei der Abschlußprüfung), in: WPg, 1999, Heft 10, S. 382.

6.3 Konsequenzen des KonTraG auf die Abschlußprüfung /- prüfer

Die folgende Übersicht soll einen Überblick über die gesetzlichen Änderungen geben:

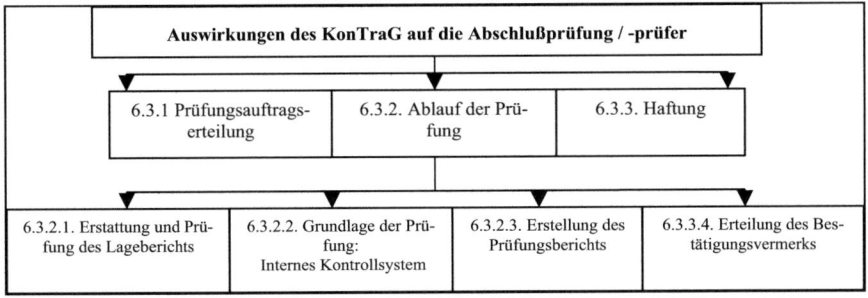

Abb. 7.: Konsequenzen des KonTraG auf die Abschlußprüfung /-prüfer
Quelle: Eigene Darstellung.

6.3.1 Prüfungsauftragserteilung

Die Bestellung eines Abschlußprüfers erfolgt in einem zweistufigen Verfahren: Erste Stufe ist die Wahl und zweite die Beauftragung in Form des zivilrechtlichen Prüfungsvertrages.[116]

Neu ist nunmehr, daß der Aufsichtsrat den Prüfungsauftrag für den Jahresabschluß bzw. für den Konzernabschluß gemäß § 111 II S. 3 AktG erteilt[117] und er auch für die Vereinbarung des Honorars mit

---

[116] Vgl. *Dißars*, U.: Kündigung des Auftrags zur gesetzlichen Abschlussprüfung aus wichtigem Grund, in: BB, 2005, Heft 41, S. 2231.

[117] Vgl. *Arbeitskreis „Externe und Interne Überwachung der Unternehmung" der Schmalenbach-Gesellschaft für Betriebswirtschaft e. V.* (Hrsg.): Auswirkungen des KonTraG auf die Unternehmensüberwachung in: BB, 2000,Beilage Nr. 11, S. 4.

dem Abschlußprüfer zuständig ist.[118] Bisher fiel diese Zuständigkeit in den Aufgabenbereich des Vorstandes.[119]

Diese Änderung soll eine zu große Nähe, die zwischen Abschlußprüfer und Vorstand entstehen könnte, vermeiden.[120] Dies stärkt die Unabhängigkeit des Abschlußprüfers und der internen Unternehmenskontrolle. Hierdurch soll jedoch nicht die gute Zusammenarbeit von Abschlußprüfer und Vorstand beeinträchtigt sein, da der Abschlußprüfer auf Informationen seitens des Vorstands und dessen Mitarbeitern angewiesen ist.[121]

Darüber hinaus soll durch die Änderung bewirkt werden, daß der Abschlußprüfer dem Aufsichtsrat zur Seite gestellt wird, um ihm bei der Bewältigung der Kontrolltätigkeit des Aufsichtsrates zu unterstützen.[122]

6.3.2 Ablauf der Prüfung

6.3.2.1   Erstattung und Prüfung des Lageberichts

Der Lagebericht stellt neben dem rückblickenden Konzernabschluß das zweite unabhängige Standbein der Rechnungslegung dar. Der Lagebericht nimmt durch subjektive, prognostische Berichterstattungselemente ausgleichend Einfluß auf den Jahre-

---

[118] Vgl. *Niehus*, R.: Corporate Governance: Das Honorar und der Abschlußprüfer - Stärkung der Unabhängigkeit durch Offenlegung ?, in: WPg, 2002, Heft 12, S. 617.

[119] Vgl. *Arbeitskreis „Externe und Interne Überwachung der Unternehmung" der Schmalenbach-Gesellschaft für Betriebswirtschaft e. V.* (Hrsg.): Auswirkungen des KonTraG auf die Unternehmensüberwachung in: BB, 2000, Beilage Nr. 11, S. 4. f.

[120] Vgl. MünchKommHGB-*Ebke*, Vor § 316 RdNr. 2.

[121] Vgl. *Scheffler*, E.: Corporate Governance-Auswirkungen auf den Wirtschaftsprüfung, in: WPg, 2005, Heft 9, S. 479.

[122] Vgl. MünchKommHGB-*Ebke*, Vor § 316 RdNr. 2.

sabschluß und dient der Informationsvermittlung.[123] Insgesamt soll durch ihn ein zutreffendes Bild über die Lage des Unternehmens bzw. des Konzerns vermittelt werden.[124]

Die Prüfung des Lageberichts wurde durch die neuen gesetzlichen Bestimmungen, die in § 317 II enthalten sind, reformiert. Seit dem Inkrafttreten des KonTraG ist der Abschlußprüfer veranlaßt zu prüfen, ob die Lage des Unternehmens zutreffend dargestellt worden ist[125] (insbesondere im Hinblick auf die Risiken der künftigen Entwicklung)[126] und ob die während der Prüfung gewonnen Erkenntnisse im Einklang mit dem Lagebericht stehen.[127]

Damit der Lagebericht den Anforderungen – eine zutreffende Vorstellung der Lage der Unternehmung zu vermitteln – gerecht werden kann, mußte der Lagebericht aussagekräftiger werden.[128] Diesem Ziel dient die im KonTraG enthaltende Erweiterung der §§ 289 I und 315 I um einen Halbsatz, der bestimmt, daß zukünftig auch die Risiken und die voraussichtlichen Entwicklungen im Konzernlagebericht erfaßt werden müssen. [129] Bisher mußte gemäß § 289

---

[123] Vgl. *Kirsch*, H. / Scheele, A.: Neugestaltung von Prognose- und Risikoberichterstattung im Lagebericht durch das Bilanzrechtsreformgesetz, in: WPg, 2005, Heft 21, S. 1149.

[124] Vgl. *Arbeitskreis „Externe und Interne Überwachung der Unternehmung" der Schmalenbach-Gesellschaft für Betriebswirtschaft e. V. (Hrsg.):* Auswirkungen des KonTraG auf die Unternehmensüberwachung in: BB, 2000, Beilage Nr. 11, S. 7.

[125] Vgl. *Klempt*, A.: Ökonomische Analyse der Änderungen von Inhalt und Prüfung des Lageberichts durch das KonTraG, S. 148.

[126] Vgl. MünchKommHGB-*Ebke*, Vor § 316 RdNr. 6.

[127] Vgl. *Klempt*, A.: Ökonomische Analyse der Änderungen von Inhalt und Prüfung des Lageberichts durch das KonTraG, S. 148.

[128] Vgl. *Arbeitskreis „Externe und Interne Überwachung der Unternehmung" der Schmalenbach-Gesellschaft für Betriebswirtschaft e. V. (Hrsg.):* Auswirkungen des KonTraG auf die Unternehmensüberwachung in: BB, 2000, Beilage Nr. 11, S. 7.

[129] Vgl. *Kajüter*, P: Berichterstattung über Chancen und Risiken im Lagebericht - Auswirkungen des Referentenentwurfs für das Bilanzrechtsreformgesetz, in: BB, 2004, Heft 8, S. 427.

I nur auf die Darstellung des Geschäftsverlaufs und die Beschreibung der Lage des Unternehmens eingegangen werden.[130]

Nähere Erläuterungen zu den Fragen, die sich aus den geänderten Anforderungen an die inhaltliche und formale Gestaltung der Risikoberichterstattung ergeben, beinhalten die DRS 5 und die IDW-Stellungnahme. Den Risikobegriff umschreibt das IDW RS HFA als „Möglichkeit ungünstiger künftiger Entwicklungen".[131] Das IDW teilt die Risiken in bestandsgefährdende und sonstige Risiken auf. Insgesamt werden alle Risiken aufgenommen, die mit dem Geschäftsverlauf in Verbindung stehen.[132]

Wird in dem Zusammenhang mit den bestandsgefährdenden Risiken festgestellt, daß die Unternehmensfortführung bedroht ist, muß dieses in der Lageberichterstattung unter Nennung der Gründe bzw. Anhaltspunkte festgehalten werden. Die sonstigen Risiken sind nur dann zu erfassen, wenn sie einen wesentlichen negativen Einfluß auf Vermögens-, Finanz- oder Ertragslage haben können und somit die derzeitige Entwicklung und / oder die zukünftige Entwicklung des Unternehmens beeinträchtigt werden können.[133]

Mit den gesetzlichen Neuregelungen bezweckt der Gesetzgeber außerdem, daß dem Aufsichtsrat ein besserer Einblick in das Handeln des Vorstandes gegeben ist und somit ein größeres Problembewußtsein bei der Prüfung geschaffen wird.[134]

---

[130] Vgl. Vgl. *Meyding*, T. / *Mörsdorf*, R.: Neuregelungen durch das KonTraG und Tendenzen in der Rechtsprechung, In: *Saitz*, B. / *Braun*, F. (Hrsg.): Das Kontroll- und Transparenzgesetz: Herausforderungen und Chancen für das Risikomanagement, 1999, S. 5.

[131] Vgl. *Kajüter*, P: Berichterstattung über Chancen und Risiken im Lagebericht - Auswirkungen des Referentenentwurfs für das Bilanzrechtsreformgesetz, in: BB, 2004, Heft 8, S. 427.

[132] Vgl. *Lange*, K. / Wall, F.: Risikomanagement nach dem KonTraG - Aufgaben und Chancen aus betriebswirtschaftlicher und juristischer Sicht, 2001, S.137. f.

[133] Vgl. Ebenda, S.139.

[134] Vgl. *Klempt*, A.: Ökonomische Analyse der Änderungen von Inhalt und Prüfung des Lageberichts durch das KonTraG, S. 149.

6.3.2.2 Grundlage der Prüfung: Internes Kontrollsystem

Das KonTraG beinhaltet eine Novellierung des § 91 AktG, welcher die Verpflichtungen des Vorstands konkretisiert. Der bisherige § 91 AktG wurde um einen Absatz 2 mit folgendem Inhalt ergänzt:[135]

„Der Vorstand hat geeignete Maßnahmen zu treffen, insbesondere ein Überwachungssystem einzurichten, damit der Fortbestand der Gesellschaft gefährdende Entwicklungen früh erkannt werden."

Das Überwachungssystem beinhaltet die Komponente des Risikomanagements und die der internen Revision.[136][137] Diese Formulierung ist deshalb wenig aufschlußreich, da das Risikomanagement umfassender ist als das Risikofrüherkennungssystem, was jedoch nur nach dem Gesetzeswortlaut verlangt wird. Das Risikofrüherkennungssystem wird nur zur Früherkennung[138] und nicht zur Vermeidung, Steuerung und Bewältigung von Risiken eingesetzt.[139]

---

[135] Vgl. *Lück*, W.: Betriebswirtschaftliche Aspekte der Einrichtung eines Überwachungssystems und eines Risikomanagementsystems. In: *Dörner*, D. / *Menold*, D. / *Pfitzer*, N. (Hrsg.): Reform des Aktienrechts, der Rechnungslegung und Prüfung, 1999, S. 141.

[136] Die interne Revision soll darauf ausgerichtet sein, unabhängige und objektive Beratungsleistungen zu erbringen. Im Normalfall handelt es sich um eine Stabsabteilung, welche seitens der Geschäftsführung Überwachungsaufgaben delegiert bekommt. Vgl. *Berens*, W. / *Schmitting*, W.: Zum Verhältnis von Controlling, Interner Revision und Früherkennung. In: *Freidank*, C. (Hrsg.): Corporate Governance und Controlling, 2004, S.52.

[137] Vgl. *Seibert*, U.: Das Gesetz zur Kontrolle und Transparenz im Unternehmensbereich (KonTraG) – Die aktienrechtlichen Regelungen im Überblick. In: *Dörner*, D. / *Menold*, D. / *Pfitzer*, N. (Hrsg.): Reform des Aktienrechts, der Rechnungslegung und Prüfung, 1999, S. 9.

[138] Definition Früherkennung: Sie umschreibt generell die Prognose zukünftigen, für die eigenen Unternehmensaktivitäten relevanten Geschehens mit Hilfe von sich fortlaufend verändernden Indikatoren; Vgl. *Berens*, W. / *Schmitting*, W.: Zum Verhältnis von Controlling, Interner Revision und Früherkennung. In: *Freidank*, C. (Hrsg.): Corporate Governance und Controlling, 2004, S. 56.

[139] Vgl. *Lange*, K. / *Wall*, F.: Risikomanagement nach dem KonTraG - Aufgaben und Chancen aus betriebswirtschaftlicher und juristischer Sicht, 2001, S. 160.

Das Ziel des Risikofrüherkennungssystems ist die Aufdeckung der folgenden Tatbestände: risikobehaftete Geschäfte, Unrichtigkeiten der Rechnungslegung sowie Verstöße gegen gesetzliche Regelungen, die sich auf die Vermögens-, Finanz- und der Ertragslage der Gesellschaft wesentlich auswirken.[140] Bei diesen Tatbeständen handelt es sich um Entwicklungen, die den Fortbestand der Gesellschaft gefährden können.[141]

Die Kontrolle des Überwachungssystems im Rahmen der Abschlußprüfung wird dadurch erschwert, daß bisher noch kein allgemein gültiger Standard für Früherkennungsmaßnahmen entwickelt worden ist.[142]

Beim Aufbau eines Überwachungssystems, das den Anforderungen des § 91 II AktG gerecht werden soll, müssen u. a. folgende Maßnahmen getroffen werden:

- die Etablierung fest eingebauter Kontrollen,

- der Ausbau der Internen Revision, damit sämtliche Risikofelder der Gesellschaft komplett erfaßt werden,

- sowie die Berichterstattung über die einzelnen Maßnahmen, beispielsweise durch die Anfertigung eines Risikohandbuchs, in welchem die organisatorischen Regelungen und Maßnahmen zur Errichtung des Systems festgehalten werden.[143]

Organisatorische Maßnahmen und Vorkehrungen waren zwar seitens des Vorstands gemäß § 76 I AktG schon vor der Einführung

---

[140] Vgl. Ebenda, S. 160.

[141] Vgl. *Giese*, R.: Die Prüfung des Risikomanagementsystems einer Unternehmung durch den Abschlußprüfer gemäß KonTraG, in: WPg, 1998, Heft 9, S. 451.

[142] Vgl. *Koller*, I.: HGB, 5. Auflage, 2005, § 316 RdNr. 5.

[143] Vgl. *Meyding*, T. / *Mörsdorf*, R.: Neuregelungen durch das KonTraG und Tendenzen in der Rechtsprechung. In: *Saitz*, B. / *Braun*, F. (Hrsg.): Das Kontroll- und Transparenzgesetz: Herausforderungen und Chancen für das Risikomanagement, 1999, S. 9.

des § 91 II AktG zu treffen.[144] Durch die Erweiterung soll jedoch die Geschäftsführungspflicht des Vorstands hervorgehoben werden. Zugleich wurde hiermit eine Konkretisierung der Sorgfaltspflicht des § 93 I S. 1 AktG bezweckt. Diese Sorgfaltspflicht umfaßt u. a.: die Festlegung der Unternehmenspolitik, die funktionsfähige zugehörige Unternehmenspolitik und die Aufgabenabstimmung verschiedener Führungsebenen.[145]

Ziel der Gesetzesreform war es daher, dem Vorstand die Erkennung von existenzgefährdenden Risiken zu erleichtern. Der Ausschluß der Risiken stand demnach nicht im Vordergrund.[146]

Der Jahresabschlußprüfer hat gemäß der neuaufgenommenen Bestimmungen in § 317 IV bei Aktiengesellschaften zu prüfen, ob der Vorstand den nach § 91 II AktG auferlegten Aufgabenstellungen gerecht geworden ist und ob der Vorstand in diesem Zusammenhang ein geeignetes Überwachungssystem eingerichtet hat, welches dazu geeignet ist, seine Aufgaben zu erfüllen.[147] Dies ist der Fall, wenn es zweckentsprechend eingerichtet wurde und demnach alle Warnsignale nachverfolgt werden können und dieses System befolgt wird. Die Systemprüfung muß planmäßig erfolgen und – falls notwendig – müssen EDV-Spezialisten und Unternehmensberater zu Rate gezogen werden.[148] Der § 317 wurde neugefaßt, um die Problemorientierung bei den Abschlußprüfern zu schärfen.[149]

---

[144] Vgl. *Meyding*, T. / *Mörsdorf*, R.: Neuregelungen durch das KonTraG und Tendenzen in der Rechtsprechung. In: *Saitz*, B. / *Braun*, F. (Hrsg.): Das Kontroll- und Transparenzgesetz: Herausforderungen und Chancen für das Risikomanagement, 1999, S. 8.

[145] Vgl. *Bitz*, H.: Risikomanagement nach KonTraG – Einrichtung von Frühwarnsystemen zur Effizienzsteigerung und zur Vermeidung persönlicher Haftung, 2000, S. 1.

[146] Vgl. *Bitz*, H.: Risikomanagement nach KonTraG – Einrichtung von Frühwarnsystemen zur Effizienzsteigerung und zur Vermeidung persönlicher Haftung, 2000,, S. 2.

[147] Vgl. *IDW* (Hrsg.): Die Prüfung des Risikofrüherkennungssystems nach § 317 Absatz 4 (IDW PS 340), 2000, S. 2.

[148] Vgl. *Grünberger*, H.: Grundzüge der Wirtschaftsprüfung - Eine Einführung in internationale Rechnungslegungsstandards, 2004, S. 168.

[149] Vgl. *Schütte*, J.: Risikomanagementsysteme - Ausgestaltung und Prüfung durch den Abschlussprüfer gemäß § 317 IV HGB, 2002, S. 6.

Das Resultat der Beurteilung ist gemäß 321 IV seitens des Abschlußprüfers in einem gesonderten Teil des Prüfungsberichts darzustellen.[150] Auf die Beschreibung des Risikofrüherkennungssystems im Prüfungsbericht kann allerdings verzichtet werden, da kein detailliertes Organisationsgutachten zu erstellen ist.[151]

Es fällt auf, daß die Einrichtung eines Überwachungssystems handelsrechtlich nicht für alle großen Kapitalgesellschaften vorgeschrieben wurde. Dieser Umstand wird damit begründet, daß mit Ausstrahlungswirkungen auf alle anderen Gesellschaften gerechnet wird, da beispielsweise eine große GmbH anhand der gesetzlichen Regelungen des Aktiengesetzes gemessen wird.[152]

Fraglich bleibt, warum der Gesetzgeber überhaupt eine gesetzlich festgelegte Vorschrift eingeführt hat. Es können dafür drei Gründe angeführt werden:

- Mit Festschreibung der Pflicht zur Einführung eines Risikoüberwachungssystems bezweckt der Gesetzgeber eine stärkere Verantwortlichkeit des Aufsichtsrates und des Vorstandes für mögliche Fehlentwicklungen.

- Bei großen Unternehmen sind Risikomanagementsysteme schon seit längerem üblicher Bestandteil der Unternehmensstruktur. Die Vorschrift bewirkt somit nur eine Konkretisierung der Geschäftsführungspflichten des Vorstandes. [153]

- Der § 317 IV, der dem Abschlußprüfer, die Prüfung und die Existenz eines solchen Systems auferlegt, erfordert die gesetzliche

---

[150] Vgl. *Giese*, R.: Die Prüfung des Risikomanagementsystems einer Unternehmung durch den Abschlußprüfer gemäß KonTraG, in: WPg, 1998, Heft 9, S. 451.

[151] Vgl. *IDW* (Hrsg.): Grundsätze ordnungsgemäßer Berichterstattung bei Abschlußprüfungen (IDW PS 450), in: WPg, 2006, Heft 3, S. 123.

[152] Vgl. *Lengerke*, K.: Die Prüfungspflicht des Abschlußprüfers nach § 317 IV HGB, in: WPK-Mitt., 2002, Heft 96, S. 97.

[153] Vgl. Ebenda, S. 97. f.

Verankerung der Einrichtung eines Risikomanagementsystems.[154]

6.3.2.3 Erstellung des Prüfungsberichts

Der zu erstellende Prüfungsbericht ist für den Aufsichtsrat vorgesehen. Er gibt Auskunft über Art, Umfang und Ergebnis der Prüfung[155] und soll somit durch essentielle Prüfungsfeststellungen und -ergebnisse die Überwachung des Unternehmens unterstützen.[156] Der Abschlußprüfer hat den Prüfungsbericht, gemäß § 17 I S. 2 WPO gewissenhaft zu erstellen. Jedes Aufsichtsratmitglied und, wenn der Aufsichtsrat dies beschlossen hat, auch die Mitglieder eines Ausschusses haben ein Anrecht auf Erhalt des Prüfungsberichts.[157]

Der Prüfungsbericht ist wie folgt aufgeteilt:

- Grundsätzliche Feststellungen
- Gegenstand, Art und Umfang der Prüfung
- Feststellungen und Erläuterungen zur Rechnungslegung und zu den wirtschaftlichen Verhältnissen
- ggf. Feststellungen aus Erweiterung des Prüfungsauftrags
- Wiedergabe des Bestätigungsvermerks
- Anlagen (Jahresabschluß und Lagebericht, Bestätigungsvermerk in Form eines Bestätigungsberichtes, Darstellung der rechtlichen Verhältnisse, ggf. umfassende Aufgliede-

---

[154] Vgl. *Lengerke*, K.: Die Prüfungspflicht des Abschlußprüfers nach § 317 IV HGB, in: WPK-Mitt., 2002, Heft 96, S. 97. f.

[155] Vgl. *Lentfer*, T.: Einflüsse der internationalen Corporate Governance-Diskussion auf die Überwachung der Geschäftsführung, 2005, S. 103.

[156] Vgl. *IDW* (Hrsg.): Grundsätze ordnungsgemäßer Berichterstattung bei Abschlußprüfungen (IDW PS 450), in: WPg, 2006, Heft 3, S. 114.

[157] Vgl. *Arbeitskreis „Externe und Interne Überwachung der Unternehmung" der Schmalenbach-Gesellschaft für Betriebswirtschaft e. V.* (Hrsg.): Auswirkungen des KonTraG auf die Unternehmensüberwachung, in: BB, 2000 Beilage Nr. 11, S. 5.

rung und Erläuterung der Posten des Jahresabschlusses, ggf. weiter gehende Analyse der wirtschaftlichen Lage).[158]

Der neugefaßte § 321 I S. 2 verpflichtet den Prüfer zur Stellungnahme. Dabei ist im besonderen Maße auf die Beurteilung des Fortbestandes und der künftigen Entwicklung des Unternehmens unter Berücksichtigung des Lageberichts einzugehen.[159] Der Abschlußprüfer hat gemäß § 321 I S. 3 die Tatsachen aufzuzeigen, welche die Entwicklung des geprüften Unternehmens wesentlich beeinträchtigen und seinen Bestand gefährden können.[160] Gemäß § 317 IV in Verbindung mit dem neugefaßten § 321 IV ist der Prüfer verpflichtet, wie bereits in 6.3.2.2. erläutert, bei der Berichterstattung das Ergebnis der Prüfung des Risikomanagements in einem gesonderten Abschnitt des Prüfungsberichts zu erläutern,[161] bei Bedarf sind Verbesserungsvorschläge zu erteilen.[162]

Im Prüfungsbericht nach altem Recht war der Abschlußprüfer nicht aufgefordert, die wirtschaftliche Lage des Unternehmens zu begutachten und zu bewerten. Die Argumentation des Berufsstandes beruhte überwiegend auf einem Bundesgerichtsurteil vom 15.12.1954. In der Begründung des Urteils wird darauf verwiesen, daß der Abschlußprüfer über die wirtschaftliche Lage des Unternehmens keine Prüfung und keine Beurteilung vorzunehmen hat, solange er hierzu nicht einen gesonderten Auftrag erhalten hat. Es sollte im Rahmen dieses Urteils eine Abgrenzung zwischen der aktienrechtlichen und der Geschäftsführungsprüfung vorgenommen werden. Die Auseinandersetzung mit der wirtschaftlichen Lage kam der Geschäftsführungsprüfung gleich und es wurde somit die aktienrechtliche Abschlußprüfung nicht bejaht. Eine Beschränkung der

---

[158] *Kreuser*, S.: KonTraG - Gesetz zur Kontrolle und Transparenz im Unternehmensbereich, TransPuG -Transparenz und Publizitätsgesetz, DCGK - Deutscher Corporate Governance Kodex, 2. vollständig überarbeitete Auflage 2003, S. 46.

[159] Vgl. MünchKommHGB-*Ebke*, Vor § 316 RdNr. 8.

[160] Vgl. *IDW* (Hrsg.): Grundsätze ordnungsgemäßer Berichterstattung bei Abschlußprüfungen (IDW PS 450), in: WPg, 2006, Heft 3, S. 116.

[161] Vgl. *Schütte*, J.: Risikomanagementsysteme - Ausgestaltung und Prüfung durch den Abschlussprüfer gemäß § 317 IV , 2002, S. 80.

[162] Vgl. *Giese*, R.: Die Prüfung des Risikomanagementsystems einer Unternehmung durch den Abschlußprüfer gemäß KonTraG, in: WPg, 1998, Heft 10, S. 451.

Berichterstattung über die wirtschaftliche Lage des Unternehmens kann aus dem Urteil nicht abgeleitet und begründet werden. Zudem kann eine indirekte Pflicht, sich mit der wirtschaftlichen Lage des Unternehmens beschäftigen, aus dem §§321 I S. 4 aF und § 321 II aF (sogenannte kleine und große Redepflicht) hergeleitet werden.[163] Außerdem wurde beim Prüfungsbericht nach altem Recht kritisiert, daß die Aufgliederung und Erläuterung der Posten des Jahresabschlusses beschränkt war. Der Aufgabe, den Aufsichtsrat bei der Überwachung des Vorstands behilflich zu sein, konnte somit nicht entsprochen werden.[164] Zudem sei der Prüfungsbericht oftmals nur für sachkundige Personen verständlich gewesen. Deshalb wurde bei der Neufassung des § 321 durch das KonTraG darauf geachtet, daß der Prüfungsbericht durch eine problemorientierte Darstellung „aufsichtsratgerechter" gestaltet wurde. Um den Vorwurf zu entkräften, daß der Prüfungsbericht nur für sachkundige Dritte verständlich ist, enthält der § 321 I S. 1 nF die Verpflichtung, die Berichterstattung über Art und Umfang sowie über das Ergebnis der Prüfung mit der gebotenen *Klarheit* zu erstellen.[165]

6.3.2.4 Erteilung des Bestätigungsvermerks

Der Bestätigungsvermerk ist Bestandteil des Prüfungsberichts.[166]

Im Gegensatz zum Prüfungsbericht, der nur an den internen Personenkreis gerichtet ist, ist der Bestätigungsvermerk für die Öffentlichkeit bestimmt. Sein Hauptanliegen ist es, den externen Adressaten (beispielsweise den Gesellschaftern, den Gläubigern, den Arbeitnehmern und der sonstigen interessierten Öffentlichkeit) In-

---

[163] Vgl. *Klempt*, A.: Ökonomische Analyse der Änderungen von Inhalt und Prüfung des Lageberichts durch das KonTraG, 2004, S. 128. f.

[164] Vgl. *Forster*, K.: Abschlußprüfung nach dem Regierungsentwurf des KonTraG, in WPg, 1998, Heft , S. 49.

[165] Vgl. *Klempt*, A.: Ökonomische Analyse der Änderungen von Inhalt und Prüfung des Lageberichts durch das KonTraG, 2004, S. 131. f.

[166] Vgl. *Kreuser*, S.: Gesetz zur Kontrolle und Transparenz im Unternehmensbereich, TransPuG (Transparenz und Publizitätsgesetz), DCGK (Deutscher Corporate Governance Kodex), 2003, S. 47.

formationen über die Ergebnisse der Jahresabschlußprüfung zu gewähren.[167] Hier wird ein Gesamturteil des Prüfers über die Grundlage der nach gesetzlichen Bestimmungen durchgeführten Abschlußprüfung abgegeben.[168]

Allgemein umschrieben stellt der Bestätigungsvermerk die Aufgaben des Abschlußprüfers dar und gibt Auskunft über Gegenstand, Art und Umfang der Prüfung. Das Prüfungsergebnis wird schließlich in einer Beurteilung zusammengefaßt.[169]

Das Prüfungsurteil erfolgt vor und nach der Einführung des KonTraG in einer der drei folgenden Formen[170]

- uneingeschränkt positive Gesamtaussage (uneingeschränkter Bestätigungsvermerk)
- eingeschränkt positive Gesamtaussage (eingeschränkter Bestätigungsvermerk)
- nicht positive Gesamtaussage (Versagungsvermerk).[171]

Das Formeltestat aF bezweckte, allen Adressaten eine einheitliche standardisierte Darstellung des Prüfungsergebnisses zu gewähren. Problematisch in diesem Zusammenhang war jedoch, daß die Adressaten dem Inhalt des Bestätigungsvermerks eine zu große Bedeutung beigemessen haben und somit nicht klar wurde, daß seine Aussagekraft begrenzt ist. Die wirtschaftliche Lage des Unternehmens wurde nur dann im Bestätigungsvermerk aufgenommen, wenn dies gesetzlich oder im Rahmen des Lageberichts erforderlich war. Der Bestätigungsvermerk diente nur zur Information über die Gesetz- und Ordnungsmäßigkeit der vom Unternehmen erbrachten Rechnungslegung und war nicht als „Gütesiegel" zu verstehen. Das

---

[167] Vgl. *Winkeler*, T.: Strafbarkeit inhaltlich unrichtiger Bestätigungsvermerke, 2000, S. 16.

[168] Vgl. MünchKommHGB-*Ebke*, § 322 RdNr. 2.

[169] Vgl. *IDW* (Hrsg.): Grundsätze für die ordnungsmäßige Erteilung von Bestätigungsvermerken bei Abschlußprüfungen (IDW PS 400), 1999, S. 2. und 11.

[170] Vgl. *Winkel*er, T.: Strafbarkeit inhaltlich unrichtiger Bestätigungsvermerke, 2000, S. 18.

[171] *IDW* (Hrsg.): Grundsätze für die ordnungsmäßige Erteilung von Bestätigungsvermerken bei Abschlußprüfungen (IDW PS 400), 1999, S. 11.

Formeltestat bat zwar die Möglichkeit gemäß § 322 II aF zusätzliche Bemerkungen einzubringen, wenn der Adressat zu einer falschen Vorstellung über den Prüfungsgegenstand und der Tragweite des Testats gelangte. Jedoch wurde von dieser Regelung in der Praxis kaum Gebrauch gemacht.[172]

Die gesetzlichen Bestimmungen sind durch das KonTraG grundlegend erneuert wurden, da sich die vorherige Regelung mit dem sogenannten Formeltestat § 322 I aF nach der Ansicht des Gesetzgebers „nicht bewährt habe".[173] Inhaltlich wurde er zum Bestätigungsbericht ausgeweitet.[174] Das bedeutet, er erfolgt nun nicht mehr mittels einer gesetzlich vorgeschriebenen Formulierung, sondern gemäß § 322 nF werden Gesichtspunkte vorgegeben, welche in den Bestätigungsvermerk einfließen.[175] Durch die Neufassung werden im Bestätigungsvermerk einige Eckpunkte festgelegt, welche der Abschlußprüfer zu beachten hat.[176]

Der Bestätigungsvermerk beinhaltet folgende Punkte:

- ein beschreibender Abschnitt,
- das Prüfungsurteil zum Jahresabschluß,
- die Angabe bestandsgefährdenden Risiken
- und das Prüfungsurteil zum Lagebericht.[177]

Der beschreibende Abschnitt soll gemäß § 322 I S. 2 nF Angaben zu Gegenstand, Art und Umfang der Prüfung und eine Beurteilung des Prüfungsergebnisses enthalten. Dasselbe gilt auch für den Prüfungsbericht, wobei der Prüfungsbericht eine umfangreichere Darstellung fordert. Das geht aus dem Gesetzestext hervor. Während für den Prüfungsbericht nach § 321 III nF eine Erläuterung des

---

[172] Vgl. *Winkeler*, T.: Strafbarkeit inhaltlich unrichtiger Bestätigungsvermerke, 2000, S. 16-17.

[173] Vgl. *Koller*, I.: HGB, 5. Auflage, 2005, §322 RdNr. 1.

[174] Vgl. *Klempt*, A.: Ökonomische Analyse der Änderungen von Inhalt und Prüfung des Lageberichts durch das KonTraG, 2004, S. 142.

[175] Vgl. MünchKommHGB-*Ebke*, Vor § 316 RdNr. 9.

[176] Vgl. *Klempt*, A.: Ökonomische Analyse der Änderungen von Inhalt und Prüfung des Lageberichts durch das KonTraG, 2004, S. 142.

[177] Vgl. *Klempt*, A.: Ökonomische Analyse der Änderungen von Inhalt und Prüfung des Lageberichts durch das KonTraG, 2004, S. 142.

Gegenstands, Art und Umfang der Prüfung gefordert wird, ist nach § 322 I S. 2 nF nur eine Beschreibung zu verfassen.[178] Der Bestätigungsvermerk ist nicht mehr im sogenannten Formeltestat zu erstellen, sondern es ist nur noch ein Mindestinhalt vorgeschrieben. Dies führt lt. *Forster* dazu, daß der Bestätigungsvermerk zukünftig teils weiter, teils enger gefaßt wird und die Formulierung im pflichtgemäßen Ermessen des Abschlußprüfers steht. Jedoch ist davon auszugehen, daß auch zukünftig mit standardisierten Formulierungen gearbeitet wird.[179]

Der Abschlußprüfer kann lt. *Winkeler* durch die Neufassung des § 322 eine beispielhafte Formulierung erstellen, welche zur Schließung der Erwartungslücke beiträgt. Ein Grund, der dafür spricht, ist, daß nun im Rahmen der Beurteilung auf die wirtschaftlichen Risiken für den Fortbestand der Unternehmung eingegangen werden muß. Die Einschränkung oder Versagung des Testats darf zwar weiterhin nur bei einer gesetzes- oder ordnungswidrigen Rechnungslegung erfolgen, jedoch ist der Leser über die Risiken und den Fortbestand der Unternehmung informiert.[180]

6.3.3 Haftung

Die Haftungssumme beträgt, wie bereits in Kapitel 3 erläutert, 1 Mio. €. Sie wurde von ehemals 500.000 DM hochgesetzt, da die Summe von der Allgemeinheit als zu gering erachtet wurde.[181] International dominiert hingegen die unbegrenzte Haftung. Deshalb dient die Haftungsanhebung der Annährung der internationalen Forderungen bezüglich der Prüfungsvoraussetzungen.[182]

---

[178] Vgl. *Jansen*, W. / *Pfitzer*, N.: Der Bestätigungsvermerk des Abschlußprüfers nach neuem Recht. In: *Dörner*, D. / *Menold*, D. / *Pfitzer*, N. (Hrsg.): Reform des Aktienrechts, der Rechnungslegung und Prüfung, 1999, S. 691.

[179] Vgl. *Forster*, K.: Abschlußprüfung nach dem Regierungsentwurf des KonTraG, in WPg: 1998, Heft 2, S. 53.

[180] Vgl. *Winkeler*, T.: Strafbarkeit inhaltlich unrichtiger Bestätigungsvermerke, 2000, S. 18. f.

[181] Vgl. MünchKommHGB-*Ebke*, Vor § 316 RdNr. 11.

[182] Vgl. *Ernst*, C.: Überblick über die Änderungen des Handelsgesetzbuches zu Rechnungslegung und Abschlußprüfung. In: *Dörner*, D. / *Menold*, D. / *Pfit-*

Im Hinblick auf § 323 ist die Haftung gegenüber Dritten mit Einführung des KonTraG nicht reformiert worden.[183]

---

zer, N. (Hrsg.): Reform des Aktienrechts, der Rechnungslegung und Prüfung, 1999, S. 345.
[183] Vgl. MünchKommHGB-*Ebke*, Vor § 316 RdNr. 12.

7 Weitere gesetzliche Neuregelungen

7.1 Transparenz und Publizitätsgesetz (TransPuG)

Das am 01.01.2003 in Kraft getretene Transparenz- und Publizitätsgesetz (TransPuG) vom 19.07.2002[184] befaßt sich vor allem mit der Informationsversorgung des Aufsichtsrats der Aktiengesellschaft. [185] Ein weiterer Aspekt des TransPuG ist die Gesetzesänderung in Bezug auf den Corporate Governance-Kodex.[186]

7.1.1 Prüfungsbericht

Das TransPuG beinhaltet u. a. Änderungen des Prüfungsberichts gemäß § 321 II.[187]

Die Änderung sieht vor, daß der Aufsichtsrat zukünftig auch ausdrücklich über Beanstandungen seitens der Wirtschaftsprüfer informiert wird, welche keine Auswirkungen auf den Bestätigungsvermerk haben. Zudem ist der Aufsichtsrat über die Bewertungsgrundlagen und – deren möglichen Auswirkungen – zu benachrichtigen bzw. zu unterrichten.[188] Durch die Änderungen des Prüfungs-

---

[184] Vgl. *Baumeister*, A. / *Freisleben*, N.: Prüfung des Risikomanagements und Risikolageberichts. In: *Richter*, M. (Hrsg.): Entwicklungen der Wirtschaftsprüfung - Prüfungsmethoden-Risiko-Vertrauen, 2003, S. 21.

[185] Vgl. *Peemöller*, V.: Einführung in das betriebswirtschaftliche Prüfungswesen. In: *Förschle*, G. / *Peemöller*, V. (Hrsg.): Wirtschaftsprüfung und Interne Revision, 2004, S. 36.

[186] Vgl. *Hirte*, H.: Das Transparenz- und Publizitätsgesetz - einführende Gesamtdarstellung, 2003, S. 2.

[187] Vgl. *Peemöller*, V.: Einführung in das betriebswirtschaftliche Prüfungswesen. In: *Förschle*, G. / *Peemöller*, V. (Hrsg.): Wirtschaftsprüfung und Interne Revision, 2004, S. 37.

[188] Vgl. *Lentfer*, T.: Einflüsse der internationalen Corporate Governance-Diskussion auf die Überwachung der Geschäftsführung, 2005, S. 105.

berichts (§ 321) kann sich der Aufsichtsrat ein Bild von der Beeinflussung der wirtschaftlichen Lage durch den Vorstand machen.[189]

7.1.2 Corporate Governance Kodex

Die Verabschiedung des TransPuG führte außerdem dazu, daß Vorstand und Aufsichtsrat börsennotierter Unternehmen den Corporate Governance Kodex beachten müssen (§ 161 AktG). Darüber hinaus muß erklärt werden, welche Empfehlungen nicht angewendet werden oder wurden. Die Erklärung ist den Aktionären dauerhaft zugänglich zu machen. Durch die Maßnahme soll das Vertrauen der Adressaten gestärkt werden.[190] Der Corporate Governance Kodex wurde von der eingesetzten Regierungskommission (unter der Leitung von Gerhard Cromme) am 26.02.2002 vorgestellt.[191] Es handelt sich bei dem Corporate Governance Kodex um einen wichtigen Bestandteil des Corparate Governance Systems, der das Ziel verfolgt, die Nachvollziehbarkeit und Transparenz des Systems zu stärken. Der Kodex beinhaltet gesetzliche Vorschriften zur Leitung und Überwachung deutscher börsennotierter Unternehmen.[192]

Die Kodices sind nach der Meinung von *Niemeier* deshalb so erfolgreich, weil ihre Einführung für Unternehmen nicht unter staatlichen Zwang erfolgt ist und es ein System staatlich akzeptierter Selbstregulierung mit sich bringt.[193]

---

[189]Vgl. *Peemöller*, V.: Einführung in das betriebswirtschaftliche Prüfungswesen. In: *Förschle*, G. / *Peemöller*, V. (Hrsg.): Wirtschaftsprüfung und Interne Revision, 2004, S. 37.

[190] Vgl. *Baumeister*, A. / *Freisleben*, N.: Prüfung des Risikomanagements und Risikolageberichts. In: *Richter*, M. (Hrsg.): Entwicklungen der Wirtschaftsprüfung - Prüfungsmethoden-Risiko-Vertrauen, 2003, S. 21.

[191] Vgl. *Strieder*, T.: Erläuterungen der aktuellen Änderungen des Deutschen Corporate Governance Kodex, in: Finanz Betrieb , 2005, Heft 9, S. 549.

[192] "Deutscher Corporate Governance Kodex (in der Fassung vom 02. Juni 2005)"; siehe URL: http://www.corporate-governance-code.de/ger/download/D_CorGov_Endfassung2005-markiert.pdf [26.06.2006]

[193] Vgl. *Niemeier*, W.: Die Steigerung der Aussagekraft des handelsrechtlichen Jahresabschlusses durch die Änderungen der 4. und 7. Richtlinie, in: WPg, 2006, Heft 4, S. 181.

Zukünftig ist die Einführung einer Corporate-Governance-Erklärung als grundsätzlicher Teil des Lageplans geplant. Diese soll folgende Bestandteile enthalten:

- Angaben über den Kodex, welchem die Gesellschaft folgt oder unterliegt,
- Angaben zur Durchführung von Hauptversammlungen und zur Zusammensetzung und der Arbeitsweise
- und Erörterung des IKS- und Risikomanagementsystems.[194]

7.2 Das 10 Punkte Programm der Bundesregierung vom 25.02.2003

Die Bundesregierung veröffentlichte am 28.08.2002 ein 10-Punkte-Programm zur Stärkung der Unternehmensintegrität und des Anlegerschutzes. Der konkrete Maßnahmenkatalog seitens des Bundesministeriums der Justiz (BMJ) und des Bundesministerium der Finanzen (BMF)) wurde am 25.02.2003 vorgestellt.[195] Es zielt auf eine Rückgewinnung und Stärkung des Vertrauens der Anleger in den Kapitalmarkt, um so die Leistungsfähigkeit des Finanzmarktes Deutschland zu stärken.[196]

Hervorzuheben sind hierbei die Bemühungen um die Verbesserung der Durchsetzung und Einhaltung von Rechnungslegungsvorschriften. Bisher waren für die Durchsetzung der Rechnungslegungsvorschriften hauptsächlich die Abschlußprüfer und der Aufsichtsrat zuständig. Diese überprüften deren Einhaltung im Rahmen der Prüfung der Jahres- und Konzernabschlüsse. Daneben standen die aktienrechtlichen Vorschriften zur Nichtigkeit von Jahresabschlüssen und die oben dargestellten Straf- und Sanktionsvorschriften. Ein Gremium, welches mit staatlicher Befugnis die Rechtmäßig-

---

[194] Vgl. Ebenda, S. 181.

[195] Vgl. *Köhler*, A. *Meyer*, S. / *Mauelshagen*, J. : BB-Gesetzgebungsreport: Umsetzungsstand des 10-Punkte-Plans der Bundesregierung zur Stärkung des Anlegerschutzes und der Unternehmensintegrität, in: BB, 2004, Heft 48, S. 2623.

[196] Vgl. *Seibert*, U.: Das 10-Punkte-Programm "Unternehmensintegrität und Anlegerschutz", in: BB, 2003, Heft 14, S. 693.

keit der Unternehmensberichte von großen Kapitalgesellschaften überprüft, existierte bisher noch nicht. Dies soll nun im Rahmen des 10-Punkte-Programms der Bundesregierung vom 25.02.2003 geändert werden.[197]

7.2.1 Bilanzkontrollgesetz (BilKoG) und Bilanzrechtsreformgesetz (BilReG)

Das Bilanzrechtsreformgesetz (BilReG), welches am 10.12.2004 in Kraft trat[198] und das Bilanzkontrollgesetz (BilKoG), welches am 21.12.2004 in Kraft trat,[199] sind weitere Eckpfeiler des 10-Punkte-Plans. Sie haben entscheidend zu einer Fortentwicklung der Bilanzregeln[200] und Anpassung der Internationalisierung beigetragen.[201]

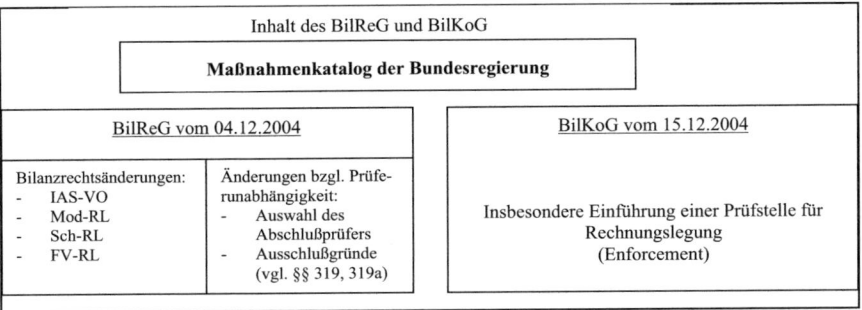

Abb. 8: Überblick über Inhalte des BilReG und BilKoG

Quelle: Wendlandt, K. / Knorr, L.: Das Bilanzrechtsreformgesetz - zeitliche Anwendung der wesentlichen bilanzrechtlichen Änderungen des HGB und Folgen für die IFRS-Anwendung in Deutschland -, in: KoR, 2005, Heft 2, S. 54 (eigene Darstellung).

---

[197] Vgl. *IDW* (Hrsg.): Bilanzrechtsreformgesetz (BilReG), Bilanzkontrollgesetz (BilKoG), 2005, S. 224.

[198] Gesetz zur Einführung internationaler Rechnungslegungsstandards und zur Sicherung der Qualität der Abschlußprüfung (Bilanzrechtsreformgesetz - BilReg), in: BGBl, 2004, Teil I, Nr. 65, S. 3182.

[199] Gesetz zur Kontrolle von Unternehmensabschlüssen (Bilanzkontrollgesetz – BilKoG), in: BGBl, 2004, Teil I, Nr. 69, S. 3415.

[200] Vgl. *IDW (HRSG.):* Bilanzrechtsreformgesetz (BilReG), Bilanzkontrollgesetz (BilKoG), 2005, S. V.

[201] Vgl. *Kaiser,* K.: Auswirkungen des Bilanzrechtsreformgesetzes auf die zukunftsorientierte Lageberichterstattung, in: WPg (Zeitschrift), 2005, Heft 8, S. 405.

7.2.1.1   Bilanzkontrollgesetz (BilKoG)

Das **BilKoG** zielt darauf ab, eine zusätzliche Stelle zur Überprüfung der Richtigkeit der Jahres- und Konzernabschlüsse von Kapitalmarktunternehmen zu etablieren.[202] Durch das zweistufige sogenannte Enforcement-Verfahren soll Bilanzmanipulationen prä-
ventiv entgegengewirkt[203] sowie Unregelmäßigkeiten aufgedeckt
und berichtigt werden.[204] Es soll eine einheitliche Anwendung der
Rechnungslegung sichergestellt werden.[205] Das sogenannte Enforcement hat sich inzwischen auf internationaler Ebene durchgesetzt
und ist auf dem Weg, aufgrund der EU-Transparenzrichtlinie über-
all in Europa Einzug zu finden.[206]

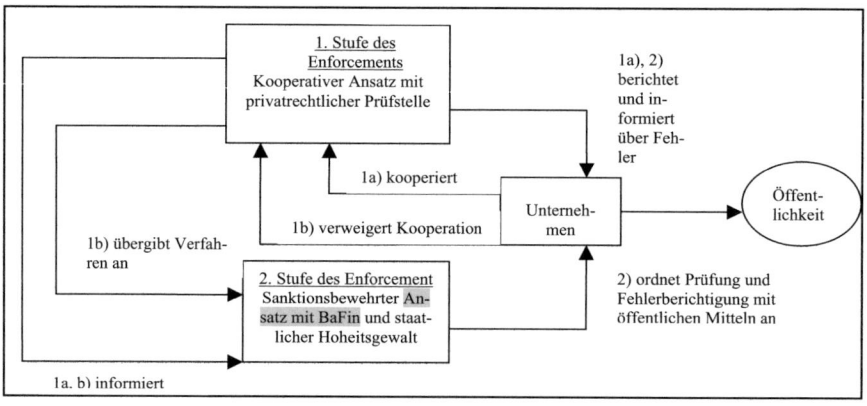

*Abb. 9: Ablauf des Enforcement für den Fall der Kooperation mit der Prüfstelle (Fall 1a) und für
den Fall der Verweigerung (Fall 1b und 2)*

*Quelle: Baetge, J. / Lienau, A. : Änderungen der Berufsaufsicht der Wirtschaftsprüfer - Implika-
tionen für Wirtschaftsprüfer durch das geplante Bilanzkontrollgesetz und Abschlußprüferaufsichtsgesetz, in: der Betrieb, 2004, Heft 43, S. 2278 (eigene Darstellung).*

---

[202] Vgl. *Sieler*, C. / *Rauchhaus*, R.: Sprachrohr für Risikomanager – Anforderungen an das Risiko-Reporting von Kapitalmarktunternehmen im Umbruch –
Auswirkungen von BilReG und BilKoG, in: Risknews, 2004, Heft 5, S. 34.

[203] Vgl. *Veltins*, M.: Verschärfte Unabhängigkeitsanforderungen an Abschlussprüfer, in: der Betrieb, 2004, Heft 8, S. 445.

[204] Vgl. *Lenz*, H.: Abschlußprüfung und Enforcement nach dem Bilanzkontrollgesetz – Zwei Fallbeispiele, in: BFuP, 2004, Heft 3, S. 219.

[205] Vgl. *o. V*.: Meinungen zum Thema: Sicherung der Abschlußprüfung durch
Enforcement-aber wie?, in: BFuP, 2004, Heft 3, S. 268.

[206] Vgl. *IDW (HRSG.)*: Bilanzrechtsreformgesetz (BilReG), Bilanzkontrollgesetz
(BilKoG), 2005, S. V.

1. Stufe des Enforcements:

In der ersten Stufe (seit dem 01.07.2005) werden die Jahres- und Konzernabschlüsse kapitalmarktorientierter Unternehmen mit Hilfe der freiwilligen Unterstützung des Unternehmens durch die Deutsche Prüfstelle für Rechnungslegung (DPR)[207] geprüft.[208] Bei der Prüfstelle der Rechnungslegung handelt es sich um eine privatrechtlich organisierte Einrichtung zur Prüfung von Verstößen in der Rechnungslegung.[209] Die Prüfstelle wird auf Verlangen der Bundesanstalt für Finanzdienstleistungen (BaFin) aktiv, wenn konkrete Anhaltspunkte für einen Verstoß existieren oder wenn Stichproben durchgeführt werden.[210]

2. Stufe des Enforcements:

Die zweite Stufe des Verfahrens wird aufgrund mangelnder Mitwirkung des Unternehmens, bei nicht vorhandenem Einverständnis in Bezug auf einen festgestellten Fehler oder falls Zweifel am Prüfungsergebnis oder der ordnungsgemäßen Prüfungsdurchführen bestehen, eingeleitet. In diesen Fällen übernimmt die Bundesanstalt für Finanzdienstleistungsaufsicht (BaFin) das Verfahren.[211]

---

[207] Gründungsjahr: 14.05.2004; Gründer: 15 Berufs- und Interessenvertretungen aus dem Bereich Rechnungslegung; Anerkennung seitens des Bundesministerium der Justiz: 30.03.2005. Vgl. *Kämpfer*, G.: Enforcementverfahren und Abschlußprüfer, in: BB, 2005, Beilage 3, Heft 20, S. 13.

[208] Vgl. *Justenhoven*, P. / *Krawietz*, M.: Prüfungsansatz nach Enron, in: BPuP, 2006, Heft 1, S. 64.

[209] Vgl. *Lenz*, H.: Abschlußprüfung und Enforcement nach dem Bilanzkontrollgesetz – Zwei Fallbeispiele, in: BFuP, 2004, Heft 3, S. 220.

[210] Vgl. *Kämpfer*, G.: Enforcementverfahren und Abschlussprüfer, in: BB, 2005, Beilage 3, Heft 20, S. 14.

[211] Vgl. *Justenhoven*, P. / *Krawietz*, M.: Prüfungsansatz nach Enron, in: BPuP, 2006, Heft 1, S.65.

7.2.1.2   Bilanzrechtsreformgesetz (BilReG)

Das **BilReG** hat sich die Anpassung des deutschen Bilanzrechts an die EU-Verordnung vom 19.07.2002 zum Ziel gesetzt[212]. Dies geht einher mit Änderungen des Handelsgesetz, Aktiengesetz und GmbHG. Im bilanzrechtlichen Teil befaßt sich das BilReG hauptsächlich mit der Anpassung des deutschen Rechts an die vier EG-Rechtsakte[213], wo vor allem die IAS-Verordnung im Mittelpunkt steht.[214] Börsennotierte Unternehmen sind demnach ab dem 01.01.2005 dazu verpflichtet, die Konzernabschlüsse nach IFRS zu erstellen.[215] Diese Regelung ist nicht explizit im HGB verankert, ist jedoch bindend.[216] Lediglich ein Verweis enthält § 315a auf die internationalen Rechnungslegungsstandards.[217]

Das BilReG soll zudem der Sicherung der Unabhängigkeit des Abschlußprüfers dienen. Dies soll insbesondere durch eine Novellierung der Regelung zur Auswahl der Abschlußprüfer erreicht werden.[218]

---

[212] Vgl. *Freidank*, C.: Vorwort des Herausgebers. In: *Freidank*, C.: Reform der Rechnungslegung und Corporate Governance in Deutschland und Europa, 2004, S. 1.

[213] Vier EG-Rechtsakte: IAS-Verordnung, die Modernisierungsrichtlinie, die Schwellenwertrichtlinie, sowie die Fair Value Richtlinie. Vgl. *Böcking*, H.: Zum Verhältnis von neuem Lagebericht, Anhang und IFRS – Ein Beitrag zur Berichterstattung über die Finanzinstrumente und die Finanzlage nach Bilanzrechtsreformgesetz, in: BB, 2005, Heft 20, Beilage 3, S. 5.

[214] Vgl. *Hucke*, A. / *Ammann*, H.: Bilanzvergleichbarkeit und Sicherstellung der Bilanzwahrheit durch eine Internationalisierung der Rechnungslegung – Ist der rechtliche Rahmen in Deutschland dafür ausrechend?, in: StuB, 2004, Heft 9, S. 412 f.

[215] Vgl. *Korth*, M.: -Modernisierung notwendig, in: Consultant, 2005, Heft 9, S. 34.

[216] Vgl. *Pottgießer*, G.: Die Zukunft der deutschen Rechnungslegung – Darstellung und Beurteilung der Referenzentwürfe zum Bilanzkontrollgesetz und Bilanzrechtsreformgesetz, in: StuB, 2004, Heft 4, S. 166.

[217] Vgl. *Korth*, M.: -Modernisierung notwendig, in: Consultant, 2005, Heft 9, S. 34.

[218] Vgl. *Hüttemann*, R.: BB-Gesetzgebungsreport: Internationalisierung des deutschen Handelsbilanzrechts im Entwurf des Bilanzrechtsreformgesetzes, in BB , Heft 4, 2004, S. 203.

Im HGB bewirkt das BilReG folgende Änderungen:

a) Lageberichterstattung

Nachdem, wie unter Kapitel 6.3.2.1. aufgeführt, die §§ 289 I und 315 I erstmals durch das KonTraG dahingehend ergänzt wurden, daß nunmehr auch die Entwicklungstendenzen und das Risiko im **Lagebericht** aufgeführt werden sollen, veranlaßt das BilReG eine weitere Änderung des § 315 I. Bei der voraussichtlichen Entwicklung soll auch auf die **Chancen** eingegangen werden. Dies bedeutet für den Wirtschaftsprüfer, daß er nicht nur untersuchen muß, ob die **Risiken** treffend dargestellt worden sind, sondern er auch noch zu prüfen hat, ob die Chancen treffend wiedergegeben wurden.[219] Bislang gibt es noch keine gesetzliche Definition zu den Begriffen Chancen und Risiken. Jedoch wird von einem Gegensatz ausgegangen, was bedeutet, daß auf positive und negative Werte eingegangen werden soll. Dabei ist nur auf die wesentlichen Chancen und Risiken sowie auf deren voraussichtliche Entwicklung einzugehen.[220] Die Chancen und Risiken sind getrennt voneinander zu erläutern, daß heißt eine „Saldierung" ist ausgeschlossen. Beispielsweise darf auf die Risikoberichterstattung auch nicht verzichtet werden, wenn die Gewinnchancen aus dem Auftragsbestand und der zukünftigen Geschäftstätigkeit größer sind als die Risiken.[221]

---

[219] Vgl. *Paetzmann*, K: Enterprise Risk Management: Zum Einfluss der Governance-Reformen auf das Controlling und die Überwachung, in: ZP, 2005, Band 16. S.270.

[220] Vgl. *Kajüter*, P: Berichterstattung über Chancen und Risiken im Lagebericht - Auswirkungen des Referentenentwurfs für das Bilanzrechtsreformgesetz, in: BB, 2004, Heft 8, S. 429.

[221] Vgl. Beck Bil-Komm. - *Förschle / Küster*, § 317 RdNr. 65.

Wirtschaftsbericht	Darstellung und Analyse des Geschäftsverlaufs
	Darstellung des Geschäftsergebnisses
	Darstellung und Analyse der Lage
	Berücksichtigung bedeutsamer finanzieller Leistungsindikatoren (z.b. Produkte und Märkte)
	Berücksichtigung bedeutsamer nicht finanzieller Leistungsindikatoren (z.b. Immaterielle Werte, Arbeitnehmerbelange)
Nachtragsbericht	Eingehen auf Vorgänge von besonderer Bedeutung nach dem Schluß des Geschäftsjahres
Prognosebericht	(Quantitative) Entwicklungsprognose mit einem Zeithorizont von zwei Jahren
	Sensitivitätsanalyse der Entwicklungsprognose durch Angabe von Chancen und Risiken (Unsicherheiten)
	Aktives Chancen- und Risikomanagement insbesondere durch den Einsatz von Finanzinstrumenten unter Bezugnahme auf die entsprechenden Anhangangaben
Forschungs- & Entwicklungsbericht	Darstellung bedeutsamer Forschungs- & Entwicklungsprojekte oder- vorhaben
Zweigniederlassungsbericht	Informationen über bestehende Zweigniederlassungen

Abb. 10.: Mögliche Struktur des neuen Lageberichts

Quelle: Freidank, C. / Steinmeyer, V.: Fortentwicklung der Lageberichterstattung nach dem Bil-ReG aus betriebswirtschaftlicher Sicht, in: BB, 2005, Heft 46, S. 2515 (eigene Darstellung).

Daß jetzt Chancen und Risiken miteinbezogen werden, führt lt. *Kajüter* dazu, daß eine ausgewogene Darstellung erfolgt und somit eine einseitige Berichterstattung verhindert werden kann.[222]

b) Ausschluß von Wirtschaftsprüfern bei Befangenheit

Die EU-Empfehlung zur Unabhängigkeit der Abschlußprüfer vom 16.05.2002 und der Sarbanes-Oxley Act haben mit ihren Unabhängigkeitsprinzipien den § 319 und § 319 a beeinflusst.[223]

Das BilReG, welches sich mit der Präzisierung des Unabhängigkeitsprinzips auseinandersetzt, hat infolgedessen den § 319 neu

---

[222] Vgl. *Kajüter*, P: Berichterstattung über Chancen und Risiken im Lagebericht - Auswirkungen des Referentenentwurfs für das Bilanzrechtsreformgesetz, in: BB, 2004, Heft 8, S. 431.

[223] Vgl. *Ring*, H.: Gesetzliche Neuregelungen der Unabhängigkeit des Abschlussprüfers, in: WPg, 2005, Heft 5, S. 198.

gefasst und den § 319 a neu eingefügt. Abgesehen von den allgemeinen Grundprinzipien zur Unabhängigkeit des Abschlußprüfers beinhalten die §§ 319, 319a eine Liste mit genau beschriebenen Fällen, welche eine unwiderlegbare, gesetzliche Vermutung des Bestehens zur Befangenheit begründen.[224] Eine Befangenheit, die zum Zeitpunkt des Wahlbeschlusses feststeht, sowie auch die (allgemeine) Besorgnis zu dieser haben die Nichtigkeit des Prüfungsauftrags und damit den ersatzlosen Wegfall des Honoraranspruchs zur Folge. Falls die Befangenheit jedoch erst nachträglich entsteht, hat der Prüfer weiterhin einen Anspruch auf das Honorar; zumindest auf den Bereicherungsausgleich bis hin zum Eintritt der erbrachten Leistungen, die auf Befangenheitsgründen beruhen.[225]

Der Wirtschaftsprüfer wird gemäß § 319 als Prüfer ausgeschlossen, wenn Besorgnis zur Befangenheit besteht. Dies ist der Fall, wenn Beziehungen geschäftlicher, finanzieller oder persönlicher Art vorliegen. Beim § 319 II handelt es sich um die Grundregel, dagegen enthalten die §§ 319 III und 319 a konkrete Ausschlußgründe in Gestalt unwiderlegbarer gesetzlicher Vermutungen.[226]

Ausschlußtatbestände gemäß § 319 II sind:

- *Tätigkeitsbedingte Verpflichtungen* (Dabei wird auf die Mitwirkung des Prüfers an der Buchführung oder der Erstellung des zu prüfenden Jahresabschlusses abgezielt.)

- *Wirtschaftliche Abhängigkeit* (Dies ist gemäß § 319 III Nr. 5 der Fall, wenn das Überstreiten der Honorargrenze in den letzten fünf Jahren und voraussichtlich auch im laufenden Geschäftsjahr jeweils 30% des Gesamthonorars der betreffenden Wirtschaftprüferpraxis erreicht wurde.)[227]

---

[224] Vgl. *D'Arcy*, A.: Aktuelle Entwicklungen in der europäischen und deutschen Rechnungslegung, in: EU-Monitor, Heft 19, 2004, S. 13.
[225] Vgl. *Gelhausen*, F. / *Heinz*, S.: Der befangene Abschlußprüfer, seine Ersetzung und sein Honoraranspruch – Eine aktuelle Bestandsaufnahme auf der Grundlage des Bilanzrechtsreformgesetzes, in: WPg, 2005, Heft 13, S. 703.
[226] Vgl. *Koller*, I.: HGB, 5. Auflage, 2005, § 319 RdNr. 3.
[227] Vgl. *Simons*, D.: Internationalisierung und Rechnungslegung, Prüfung und Corporate Governance, 1. Auflage, 2005, S. 113.

- *Personelle Verflechtungen* (Dies ist zum Beispiel der Fall, wenn es sich beim Prüfer um einen gesetzlichen Vertreter, um ein Aufsichtsratmitglied oder einen Arbeitnehmer bei dem zu prüfenden Unternehmen handelt.)

- *Finanzielle Interessen* (Diese können auf Beteiligungs- sowie Schuldverhältnisse zurückzuführen sein.)

- *Persönliche Beziehungen* (Hierzu zählen u. a. verwandtschaftliche oder sonstige soziale Bindungen.)[228]

Neben den in § 319 erfassten Ausschlussgründen sieht § 319 a besondere Ausschlußgründe für Abschlußprüfer von kapitalmarktorientierten Unternehmen vor. Der § 319 a gilt somit nicht für die Unternehmen, welche nicht am Kapitalmarkt tätig sind. Diese Differenzierung soll die Interessen des Mittelstands wahren und ihn von weitergehenden Belastungen verschonen.[229]

Der § 319 a nF sieht folgende Ausschlußtatbestände vor:

- wer in den letzten fünf Jahren jedesmal mehr als 15 % der Gesamteinnahmen der beruflichen Tätigkeit von dem zu prüfenden oder damit verbundenen Unternehmen bezogen hat,

- wer gestaltende Rechts- oder Steuerberatungsleistungen für das prüfende Unternehmen getätigt hat, welche sich dann unmittelbar auf den Jahresabschluß auswirken,

- wer über die Prüfungstätigkeit hinaus in dem zu prüfenden Geschäftsjahr an der Entwicklung, Einrichtung und Einführung von Rechnungslegungsinformationssystemen mitgewirkt, wobei die Tätigkeit nicht von nachrangiger Bedeutung ist

- sowie bei Unternehmen, für welche der Bestätigungsvermerk mehr als sieben Mal gezeichnet worden ist.

---

[228] Vgl. *Quick*, R.: Prüfung, Beratung und Unabhängigkeit des Abschlußprüfers , in: BFuP, 2006, Heft 1, S. 43.

[229] Vgl. *Ring*, H.: Gesetzliche Neuregelungen der Unabhängigkeit des Abschlussprüfers, in: WPg, 2005, Heft 5, S. 198.

c) geplante Offenlegung der Prüfungshonorare

Ab dem Geschäftsjahr 2005 sind die prüfungspflichtigen Unternehmen zur Offenlegung der für das Geschäftsjahr vereinbarten Honorare der Abschlußprüfer im Anhang des Jahresabschlusse verpflichtet. Diese Änderung ist auf die Neufassung der §§ 285 Nr. 17, 314 I Nr. 9 zurückzuführen.[230]

Die geplante Offenlegung der Prüfungshonorare kann zu einem negativen Einfluß auf die Qualität der Abschlußprüfung führen. Die Abschlußprüfung ist auch unter dem Aspekt zu sehen, daß die Anforderungen im Hinblick auf die Internationalisierung an den Berufsstand stetig anwachsen und dem Abschlußprüfer eine angemessene Bezahlung zusteht, damit eine qualitativ hochwertige Durchführung gewährleistet sein kann. Die Offenlegung der Honorare gegenüber der Öffentlichkeit würde nur zu einer wenig sachlichen Diskussion über die Angemessenheit des Honorars führen und somit den Preisdruck verstärken. Dem Leser ist eine ordnungsmäßige Beurteilung über die Höhe des Honorars nicht möglich, da er nur die Angaben im Anhang als Bemessungsgrundlage hat.[231]

d) Bestätigungsvermerk

Der Bestätigungsvermerk, der schon durch das KonTraG [siehe Kapitel 6.3.2.4.] reformiert, wurde nunmehr durch das BilReG modifiziert.[232]

---

[230] Vgl. *Krall*, M.: Auswirkungen der Bilanzrechtsreform auf die handelsrechtliche Abschlußprüfung. In: *Freidank*, C. (Hrsg.): Reform der Rechnungslegung und Corporate Governance in Deutschland und Europa, 2004, S. 114.
[231] Vgl. Ebenda, S. 119. und 115.
[232] Vgl. *Koller*, I..: HGB, 5. Auflage, 2005, § 322 RdNr. 1.

7.2.2 Abschlußprüferaufsichtskommission (APAK)

Ein weiterer wichtiger Bestandteil des 10-Punkte-Plans der Bundesregierung ist das Abschlußprüferaufsichtsgesetz (APAG).[233]

Am 01.01.2005 trat „das Gesetz zur Fortentwicklung der Berufsaufsicht über Abschlußprüfer (APAG)" in Kraft.[234] Die Einführung des Gesetzes brachte eine Fortentwicklung der Qualitätskontrolle und das deutsche System der Berufsaufsicht mit sich.[235] Infolge des neuen Gesetzes wurde der § 66a WPO eingefügt, der die Einrichtung einer Abschlußprüferaufsichtskommission (APAK) vorsieht.[236] Die APAK bildet eine abschließend verantwortliche, berufsstandsunabhängige Institution,[237] dem die öffentliche Fachaufsicht über die Aufgaben der Wirtschaftsprüferkammer (WPK) obliegt.[238]

Gemäß § 4 I S. 1 WPO befaßt sich die APAK mit folgenden Aufgaben:

- Prüfung und Eignungsprüfung,
- Bestellung,
- Anerkennung,
- Widerruf und Registrierung,
- Berufsaufsicht und der Qualitätskontrolle,

---

[233] Vgl. *Marten*, K. / *Köhler*, A.: Vertrauen durch öffentliche Aufsicht - Die Abschlussprüferaufsichtskommission als Kernelement der WPO-Novellierung, in: WPg, 2005, Heft 4, S. 145.

[234] Vgl. Gesetz zur Fortentwicklung der Berufsaufsicht über Abschlußprüfer in der Wirtschaftsprüferordnung (APAG), in: BGBl., 2004, Teil I, Nr. 76, S. 3851.

[235] Vgl. *Marten*, K. / *Köhler*, A.: Vertrauen durch öffentliche Aufsicht - Die Abschlussprüferaufsichtskommission als Kernelement der WPO-Novellierung, in: WPg, 2005, Heft 4, S. 145.

[236] Vgl. Gesetz zur Fortentwicklung der Berufsaufsicht über Abschlußprüfer in der Wirtschaftsprüferordnung (APAG), in: BGBl, 2004, Teil I, Nr. 76, S. 3849.

[237] Vgl. „Abschlussprüferaufsichtskommission"; siehe URL: http://www.apak-aoc.de/apak/ziele_aufgaben.asp [Stand: 15.05.2006]

[238] Vgl. „Corporate Governance in Deutschland"; siehe URL: www.bdi-online.de/Dokumente/Recht-Wettbewerb-Versicherungen/BDI_PwC_Studie.pdf [Stand 08.08.2006], S. 29.

- sowie Annahme von Berufsgrundsätzen.

Bei der APAK handelt es sich um eine gesetzlich legitimierte Stelle, welche mit anderen inländischen und ausländischen Aufsichtsstellen kooperiert (§ 66a VIII und IX WPO). Die APAK überwacht die Transformation der internationaler Prüfungsstandards, beispielsweise der „International Standards on Auditing" (ISA) in nationale Prüfungsstandards (§ 66a I S. 2 WPO) bzw. deren Anwendung.[239]

Das APAG berücksichtigt dabei die Grundgedanken des Sarbanes-Oxley Act sowie die Modernisierungsmaßnahmen der 8. EU-Richtlinie. Die Einführung einer berufsstandsunabhängigen Aufsicht in Deutschland war erforderlich, um eine hinreichende internationale Akzeptanz des Berufsstands der deutschen Wirtschaftsprüfer und eine höhere Glaubwürdigkeit der geprüften Jahresabschlüsse sicherzustellen.[240]

7.3 Der 10-Punkte-Plan der Europäischen Kommission

Am 21.05.2003 wurde die „Mitteilung zur Stärkung der Abschlußprüfung" seitens der EU-Kommission angenommen. Dieser enthält einen 10-Punkte-Plan [241] Der 10-Punkte-Plan ist in kurz- und langfristige Prioritäten unterteilt. Die kurzfristigen Prioritäten sollen bis zum Jahre 2004 verwirklicht werden (dargestellt in Abbildung 11):

---

[239]Vgl. *Kanitz*, F.: Bilanzkunde für Juristen, 2006, S. 62.

[240] Vgl. *Marten*, K. / *Köhler*, A.: Vertrauen durch öffentliche Aufsicht - Die Abschlussprüferaufsichtskommission als Kernelement der WPO-Novellierung, in: WPg, 2005, Heft 4, S. 145.

[241] Vgl. *Hulle* , K. / *Lanfermann*, G.: Mitteilung der Europäischen Kommission zur Stärkung der Abschlussprüfung, in: BB, 2003, Heft 25, S. 1323.

Modernisierung der 8. Richtlinie	Die Kommission wird einen Vorschlag zur Modernisierung der 8. Richtlinie zum Gesellschaftsrecht von 1984 vorlegen, um eine umfassende, auf Grundsätzen beruhende Richtlinie zu schaffen, die für alle gesetzlichen Abschlußprüfungen in der EU gilt. Die modernisierte 8. Richtlinie wird hinreichend klare Grundsätze für öffentliche Aufsicht, externe Qualitätssicherung, Unabhängigkeit von Abschlußprüfern, allgemeinen Berufsgrundsätzen, Prüfungsstandards, Disziplinarmaßnahmen sowie die Bestellung und Abberufung von Abschlußprüfern enthalten.
Stärkung der Regulierungsinfrastruktur der EU	In den Vorschlägen für eine modernisierte 8. Richtlinie ist auch die Einsetzung eines Regelungsausschusses für Fragen der Abschlußprüfung vorgesehen. Die Kommission wird (im Rahmen des Komitologie-Verfahrens) über die Durchführungsmaßnahmen entscheiden, die zur Untermauerung der Grundsätze in der modernisierten Achten Richtlinie erforderlich sein werden. Der bestehende EU-Abschlußprüfungsausschuß, der in Beratender Ausschuß für Abschlußprüfung unbenannt wird und sich aus Vertretern der Mitgliedsstaaten und des Berufsstands zusammensetzt, wird seine Arbeit als Beratender Ausschuß fortsetzen.
Stärkung der öffentlichen Aufsicht über Abschlußprüfer in der EU	Die Kommission wird die vorhandenen öffentlichen Aufsichtssysteme zusammen mit dem Beratenden Ausschuß für Abschlußprüfung analysieren. Die Kommission wird Mindestanforderungen (Grundsätze) für die öffentliche Aufsicht zwecks Einbettung in die 8. Richtlinie entwickeln. Die Kommission wird einen Koordinierungsmechanismus auf EU-Ebene schaffen, um die nationalen öffentlichen Aufsichtssysteme zu einen effizienten EU-Netzwerk zu verknüpfen.
Verbindliche Anwendung der ISA (International Standards on Auditing) für alle Abschlußprüfungen ab 2005	Die Kommission und der Beratende Ausschuß für Abschlußprüfung werden Maßnahmen zur Gewährleistung der erfolgreichen Anwendung der ISA ab 2005 ausarbeiten. Dabei wird es sich handeln um: eine Analyse der nicht von den ISA abgedeckten Abschlußprüfungserfordernisse der EU und der Mitgliedsstaaten; die Entwicklung eines Billigungsverfahrens („Endorsement"); einen gemeinsamen Bestätigungsbericht und hochwertige Übersetzungen. Die Kommission wird an weiteren Verbesserungen des IFAC/IAASB-Standardsetzungsprozess arbeiten, um vor allem sicherzustellen, daß dem öffentlichen Interesse in jeder Hinsicht Rechnung getragen wird. Der Grundsatz der Übereinstimmung wird in die 8. Richtlinie mit aufgenommen. Wenn – wie angenommen – ausreichende Ergebnisse in der vorläufigen Analyse erzielt werden, wir die Kommission ein verbindliches Instrument vorschlagen, das die Anwendung der ISA ab 2005 vorschreiben wird.

Abb. 11: Maßnahmen bis 2004

Quelle: Hulle, K. / Lanfermann, G.: Mitteilung der Europäischen Kommission zur Stärkung der Abschlußprüfung, in: BB, 2003, Heft 25, S. 1324 (eigene Darstellung).

Von 2004 bis 2006 sollen die anderen Maßnahmen durchgesetzt werden (siehe Abbildung 12):

Verbesserung der Systeme für Disziplinarmaßnahmen	Die Kommission und der Beratende Ausschuß für Abschlußprüfung werden die nationalen Disziplinarmaßnahmen überprüfen, um gemeinsame Ansätze zu schaffen und eine Verpflichtung zur Zusammenarbeit in grenzüberschreitenden Fällen einzuführen. Die Kommission wird die bestehenden Erfordernisse durch die Einführung eines Grundsatzes für angemessene und wirksame Sanktionssysteme in die 8. Richtlinie stärken.
Verbesserung der Transparenz von Prüfungsgesellschaften und ihren Netzwerken	Die Kommission wird Offenlegungsanforderungen für Prüfungsgesellschaften ausarbeiten, in denen unter anderem deren Beziehungen zu internationalen Netzwerken abgedeckt werden.
Corporate Governance; Stärkung von Prüfungsausschüssen und internen Kontrollen	Die Kommission und der Beratende Ausschuß für Abschlußprüfung werden Arbeiten zur Bestellung, Abberufung und Vergütung von gesetzlichen Abschlußprüfern sowie der Kommunikation mit dem gesetzlichen Abschlußprüfer durchführen. Die Kommission und der Beratende Ausschuß für Abschlußprüfung werden untersuchen, in welchem Umfang der Abschlußprüfer derzeit an der Beurteilung und Berichterstattung über interne Kontrollsysteme beteiligt ist, um den Bedarf für weitere Initiativen zu ermitteln.
Stärkung der Unabhängigkeit und der allgemeinen Berufsgrundsätze von Abschlußprüfern	Die Kommission wird eine Untersuchung über die Auswirkungen einer restriktiveren Regelung für zusätzliche Dienstleistungen, die dem Prüfungsmandanten erbracht werden, durchführen. Die Kommission wird den Dialog EU/USA über Fragen der Regulierung hinsichtlich der Unabhängigkeit von Abschlußprüfern mit SEC und/oder PCAOB mit dem Ziel der Anerkennung des Gleichgewichts des EU-Ansatzes fortzusetzen. Die Kommission und der Beratende Ausschuß für Abschlußprüfung werden die vorhandenen nationalen Berufsgrundsätze und die IFA-Berufsgrundsätze prüfen, um weitere geeignete Maßnahmen in Erwägung zu ziehen.
Vertiefung des Binnenmarktes für Abschlußprüfungsdienstleistungen	Die Kommission wird zur Erleichterung der Gründung und Niederlassung v. Prüfungsgesellschaften dadurch beitragen, daß sie vorschlägt, Beschränkungen für Eigentümer und Führungskräfte in der geltenden 8. Richtlinie aufheben. Die Kommission wird die Erbringung v. Abschlußprüferdienstleistungen im Rahmen ihres Vorschlags zur Anerkennung von Berufsqualifikationen durch Änderung der 8. Richtlinie zwecks Einführung des Grundsatzes der gegenseitigen Anerkennung freistellen. Die Kommission wird eine Untersuchung über die Struktur des EU-Abschlußprüfungsmarkts und den Zugang zum EU-Abschlußprüfungsmarkt durchfüh-
Untersuchung der Haftung von Abschlußprüfern	Die Kommission wird eine Untersuchung zur Analyse der wirtschaftlichen Auswirkungen der Regelungen über die Haftung von Abschlußprüfern durchführen.

Abb. 12.: Maßnahmen von 2004 bis 2006

Quelle: Hulle, K. / Lanfermann, G.: Mitteilung der Europäischen Kommission zur Stärkung der Abschlußprüfung, in: BB, 2003, Heft 25, S. 1324 (eigene Darstellung).

Der 10-Punkte-Plan befaßt sich insbesondere mit der Modernisierung der 8. EU- Richtlinie, die eine umfassende rechtliche Grundlage für alle in der EU abgewickelten gesetzlichen Abschlußprüfungen bildet.[242]

Am 11.10.2005 wurde der neugefaßten 8. EU-Richtlinie vom ECOFIN-Rat[243] zugestimmt.[244] Am 29.06.2006 trat die 8. EU-

---

[242] Vgl. *Hulle*, K. / Lanfermann, G.: Mitteilung der Europäischen Kommission zur Stärkung der Abschlußprüfung, in: BB, 2003, Heft 25, S. 1323. f.

[243] Der Rat "Wirtschaft und Finanzen", der Rat "Landwirtschaft" und der Rat "Allgemeine Angelegenheiten" sind gemeinhin als ECOFIN-Rat bekannt. Vgl. „Rat Wirtschaft und Finanzen"; siehe URL:

Richtlinie[245] (84/253/EWG)[246] in Kraft. Die EU-Mitgliedsstaaten haben seitdem zwei Jahre Zeit, sie in nationales Recht umzusetzen.[247]

Die Vorgängerrichtlinie ist auf das Jahr 1984 zurückzuführen. Sie traf die Annahmen der Abschlußprüfung nur bruchstückhaft; es wurden beispielsweise wesentliche Berufsgrundsätze oder die Zulassung zum Prüferberuf geregelt. Nach der neuen EU-Richtlinie hingegen ist das Anwendungsspektrum weiter gefaßt und es umfaßt nun alle wesentlichen Bereiche der Abschlußprüfung.[248]

Dabei sind insbesondere, folgende in den Artikeln der Richtlinie festgelegten Maßgaben hervorzuheben:

- **Erhalt der Zulassung gemäß Artikel 3 und Registrierung gemäß Artikel 15 von Prüfer und Prüfungsgesellschaften** (Die Zulassung soll sicherstellen, daß der Prüfer die erforderliche Eignung mit sich bringt und die Prüfungsgesellschaft die geforderten beruflichen Voraussetzungen bezüglich der Eigentümer- und Leistungsstruktur zufriedenstellen. Um die Transparenz im Mitgliedsstaat gewährleisten zu können, müssen Prüfer und Prüfungsgesellschaften sich registrieren lassen.)

---

http://www.consilium.europa.eu/cms3_fo/showPage.asp?id=250&lang=de [Stand: 28.08.2006]

[244] Vgl. *Lanfermann*, G.: Neue EU-Richtlinie zur Abschlußprüfung, in: WPK Magazin, 2006, Heft 1, S. 40.

[245] Vgl. „Richtlinie 2006/43/EG DES Europäischen Parlaments und des Rates vom 17. Mai 2006 über Abschlussprüfungen von Jahresabschlüssen und konsolidierten Abschlüssen, zur Änderung der Richtlinien 78/660/EWG und 83/349/EWG des Rates und zur Aufhebung der Richtlinie"; siehe URL: http://eur-lex.europa.eu/LexUriServ/site/de/oj/2006/l_157/l_15720060609de00870107.pdf [Stand: 20.08.2006]

[246] „ Richtlinien"; siehe URL: http://ec.europa.eu/internal_market/auditing/directives/index_de.htm [Stand 22.08.06]

[247] Vgl. *Tiedje*, J.: Die neue EU-Richtlinie zur Abschlussprüfung, in: WPg, 2006, Heft 9, S.593.

[248] Vgl. *Lanfermann*, G.: Neue EU-Richtlinie zur Abschlußprüfung, in: WPK Magazin, 2006, Heft 1, S. 40.

- **Die Unabhängigkeit des Prüfers und der Prüfungsgesellschaft ist gemäß Artikel 22 zu gewährleisten** (Ein immer noch nicht hinreichend geklärter Aspekt in diesem Zusammenhang ist die Frage, ob und inwieweit die Prüfungsgesellschaft zusätzliche Dienstleitungen gegenüber dem zu prüfenden Unternehmen anbieten kann.)

- **Abwicklung der Prüfung unter anderem in Hinblick auf die anzuwendenden Prüfungsstandards** (Ein Aspekt, der sich bei der Durchführung der Prüfung ändert, ist, daß Artikel 28 vorsieht, daß der Bestätigungsvermerk nicht mehr seitens der Prüfungsgesellschaft, sondern vom verantwortlichen Prüfer zu unterschreiben ist. Außerdem erhält zukünftig ein Konzernprüfer gemäß Artikel 27 Buchstabe a die Gesamtverantwortlichkeit; zudem wird in dem Zusammenhang die Verschwiegenheitspflicht gemäß Artikel 23 I geregelt. Nach der Meinung der Kommission sollen die internationalen Prüfungsstandards nicht nur seitens der Berufsangehörigen unter dem Motto „best practices" verwendet werden, sondern auch gegenüber Gesellschaften, Inspektoren bei externen Qualitätskontrollen und Gerichten einen rechtsverbindlichen Charakter erhalten. Dies würde die Prüfertätigkeit erheblich beeinflussen.)

- **Einführung unabhängiger Qualitätskontrolle und öffentliche berufsstandsunabhängige Aufsicht** (Die Einrichtung der Qualitätskontrolle und der Aufsicht sollen zu einer Verbesserung hinsichtlich der Prüfungsqualität führen.)[249]

7.4 EU-Übernahmerichtlinie

Die EU-Übernahmerichtlinie, welche am 20.05.2004 in Kraft trat[250] und bis zum Mai 2006 in nationales Recht umgesetzt werden

---

[249] Vgl. *Tiedje*, J.: Die neue EU-Richtlinie zur Abschlussprüfung, in: WPg, 2006, Heft 9, S. 593. ff.

[250] Vgl. „Richtlinie 2004/25/EG des Europäischen Parlaments und des Rates vom 21.04.2004 betreffend Übernahmeangebote"; siehe URL: http://europa.eu.int/eur-lex/pri/de/oj/dat/2004/l_142/l_14220040430de00120023.pdf [Stand: 22.06.2006]

sollte,[251] führt zu bedeutenden Veränderungen für die börsennotierten Unternehmen.[252]

Zukünftig müssen gemäß Art. 10 I in Verbindung mit Art 10 II der EU-Übernahmerichtlinie folgende **übernahmespezifische Angaben im Lagebericht** enthalten sein:[253]

- Struktur der Kapitalausstattung,
- Beschränkungen hinsichtlich der Übertragung von Wertpapieren,
- bedeutende direkte und indirekte Beteiligungen,
- besondere Kontrollrechte,
- Stimmrechtskontrolle bei Beteiligung von Mitarbeitern,
- Stimmrechtsbeschränkungen,
- Stimmbindungsverträge,
- Bestellung und Abberufung von Organmitgliedern,
- Verträge betreffend Kontrollwechsel,
- sowie Abfindungen für Organmitglieder oder Angestellte im Falle eines Kontrollwechsels.[254]

Der Abschlußprüfer ist gemäß § 316 I und II, der auf Artikel 51 I der Vierten EG-Richtlinie basiert, dazu verpflichtet, den Lagebericht zu prüfen, womit auch die neu eingeführten Regelungen der EU-Übernahmerichtlinie grundsätzlich prüfungspflichtig sind. Die Prüfung der übernahmespezifischen Angaben seitens des Abschlußprüfers soll der Steigerung der Glaubwürdigkeit des Lageberichts dienen. Dies kann jedoch nicht ausreichend gewährleistet werden, da die gesetzgeberischen Vorgaben nicht hinreichend auf die Beurteilung von Angaben zur Übernahmesituation abgestimmt sind. Dieses Problem ist ebenfalls seitens der EU-Ebene erkannt worden und ein Programmpunkt der Tagesordnung des EU-Ausschusses. Zudem ist es fraglich, inwieweit der Abschlußprüfer über die zur Prüfung der übernahmespezifischen Angaben erforder-

---

[251] Vgl. *Maul*, S. / *Muffat-Jeandet*, D.: Die Übernahmerichtlinie – Inhalt und Umsetzung in nationales Recht, in: Die Aktiengesellschaft, 2004, Heft 5, S. 221.

[252] Vgl. *Lanfermann*, G.: EU-Übernahmerichtlinie: Aufstellung und Prüfung des Lageberichts, in: BB, 2004, Heft 28-29, S. 1517.

[253] Vgl. Ebenda,. S. 1518.

[254] Ebenda, S. 1517. f.

lichen Informationen verfügen kann. Dieses Problem besteht insbesondere bei Angaben, welche nicht in der Satzung stehen; hierzu
gehören Stimmbindungsverträge, Verträge bezüglich des Kontrollwechsels und Abfindungen. Gesetzlich ist der Prüfer nicht verpflichtet, eine Prüfung der Vollständigkeit durchzuführen, was jedoch bei den Angaben zur Übernahmesituation als nicht sachge-
recht erscheint.[255]

Als Zwischenfazit zur EU-Übernahmerichtlinie kann daher
festgehalten werden, daß die Richtlinie noch nicht ausgereift ist und
weiterer Nachbesserungen bedarf.[256]

7.5 Auswirkungen der IDW-Prüfungsstandards und der Stellungnahmen des IDW und der Wirtschaftsprüferkammer (WPK)

Die IDW-Prüfungsstandards und die IDW-Stellungnahmen
werden durch das Institut der Wirtschaftsprüfer in Deutschland e.V.
(IDW) herausgegeben. Das IDW setzt sich insbesondere für die fachliche Förderung sowie die Standardisierung des Prüfungsverfahrens
ein.[257] Es fordert die Anpassung der Fachgutachten und Stellung-
nahmen nach Inhalt, Form und Struktur an die Internationalen Prüfungsstandards der IFAC.[258] Werden die IDW-Prüfungsstandards
durch den Abschlußprüfer nicht beachtet, so kann dieses für ihn
nachhaltige Konsequenzen haben. Die Nichtbeachtung der Prüfungsstandards kann sich insbesondere negativ auf Haftungsfälle
auswirken. Das gleiche gilt für Verfahren der Berufsaufsicht und
Strafverfahren.[259]

---

[255] Vgl. Ebenda, S. 1520. f.
[256] Vgl. Ebenda, S. 1521.
[257] Vgl. *Marten*, K.: Lexikon der Wirtschaftsprüfung: nach nationalen und internationalen Normen, 2006, S. 397.
[258] Vgl. MünchKommHGB-*Ebke*, § 317 RdNr. 3.
[259] Vgl. *Naumann*, K.: Stand und Weiterentwicklung der Normen zur Qualitätssicherung und Qualitätskontrolle. In: *Marten*, K. / *Quick*, R. / *Ruhnke*, K.:
Externe Qualitätskontrolle im Berufsstand der Wirtschaftsprüfer, 2004, S. 72.

Nach den IDW Prüfungsstandards sind folgende Punkte besonders zu berücksichtigen:

7.5.1 Aufdeckung von Unregelmäßigkeiten im Rahmen der Abschlußprüfung

Weil in den letzten Jahren eine Vielzahl von spektakulären Betrugsfällen bekannt geworden ist, steht die Aufdeckung von Verstößen (Frauds) im Interesse der Beteiligten und auch der Öffentlichkeit.[260] Deshalb soll an dieser Stelle ein Überblick über die aktuelle Entwicklung des einschlägigen IDW E-IPS 240: *Zur Aufdeckung von Unregelmäßigkeiten im Rahmen der Abschlußprüfung* gegeben werden. Der IDW E-IPS 240, der in Verbindung mit ISA 240 zu lesen ist und sich mit Thema: *Verantwortung des Abschlußprüfers zur Berücksichtigung von Verstößen im Rahmen der Abschlußprüfung* beschäftigt, wurde zurückgezogen und durch den IDW EPS 210 nF ersetzt.[261]

Die nachfolgende Abbildung gibt einen grundsätzlichen Aufschluß zum Begriff der Unregelmäßigkeiten i. s. d. IDW Prüfungsstandards:

---

[260] Vgl. *Schruff,* W.: Neue Ansätze zur Aufdeckung von Gesetzesverstößen der Unternehmensorgane im Rahmen der Jahresabschlussprüfung, in WPg (Zeitschrift), 2005, Heft 5, S. 207.

[261] Vgl. *IDW* (Hrsg.): Entwurf einer Neufassung des IDW Prüfungsstandards: Zur Aufdeckung von Unregelmäßigkeiten im Rahmen der Abschlußprüfung (IDW EPS 210 nF), in: WPg, 2006, Heft 4, S. 218. f..

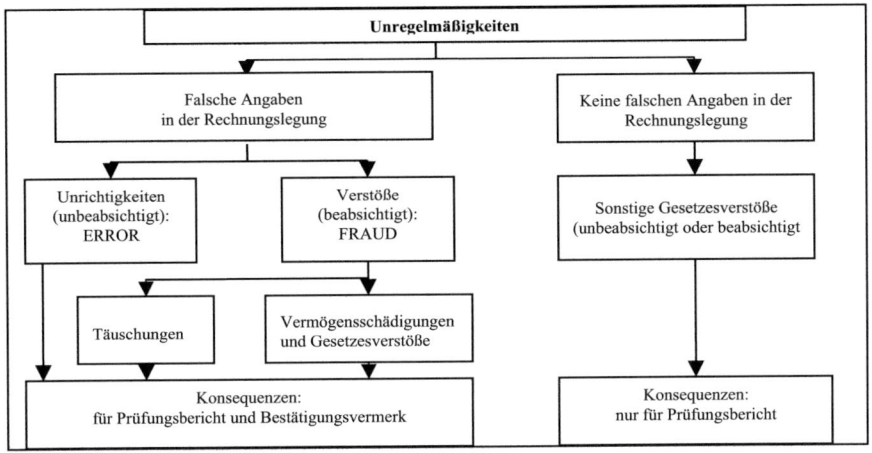

Abb. 13.: Einteilung der Unregelmäßigkeiten

Quelle: IDW (Hrsg.): Entwurf einer Neufassung des IDW Prüfungsstandards: Zur Aufdeckung von Unregelmäßigkeiten im Rahmen der Abschlußprüfung (IDW EPS 210 nF), in: WPg, 2006, Heft 4, S. 220 (eigene Darstellung).

Falsche Angaben in der Rechnungslegung werden zunächst nach Unrichtigkeiten und Verstößen unterteilt.

Bei „Unrichtigkeiten" handelt es sich um unbeabsichtigte falsche Angaben im Abschluß und Lagebericht. Sie sind zurückzuführen auf:

- Schreib- und Rechenfehler in der Buchführung oder in deren Grundlagen,
- eine unbewußte falsche Anwendung von Rechnungslegungsgrundsätzen
- sowie das Übersehen oder einem unzutreffenden Einschätzen von Sachverhalten.[262]

„Verstöße" ergeben sich aus folgenden Tatbeständen:

---

[262] Vgl. *IDW* (Hrsg.): Entwurf einer Neufassung des IDW Prüfungsstandards: Zur Aufdeckung von Unregelmäßigkeiten im Rahmen der Abschlußprüfung (IDW EPS 210 nF), in: WPg, 2006, Heft 4, S. 219.

- „Täuschungen" liegen u. a. vor, wenn bewußt falsche Angaben im Abschluß oder im Lagebericht gemacht worden sind, Fälschungen in der Buchführung oder den Grundlagen vorliegen, Manipulationen sowie bewußt falsche Anwendung von Rechnungslegungsgrundsätzen gegeben sind.

- „Vermögensschädigungen" sind gegeben, wenn eine widerrechtliche Aneignung oder Verminderung von Gesellschaftsvermögen sowie eine Erhöhung von Verpflichtungen für das Gesellschaftsvermögen stattfand (z. B. Diebstahl, Unterschlagung, Betrug).

- „Verstöße" liegen auch vor, wenn die Auswirkungen von Gesetzesverstößen, die nicht zu Vermögensschäden geführt haben, bewußt in der Rechnungslegung nicht zutreffend dargestellt worden sind.[263]

Die Verantwortung für die Vermeidung und Aufdeckung von Unrichtigkeiten und Verstößen tragen der gesetzliche Vertreter des Unternehmens sowie die nach der jeweiligen Unternehmensverfassung maßgeblichen Aufsichtsratgremien. Somit ist der Abschlußprüfer **nicht** der Verantwortliche.[264]

Die Aufgabe des Abschlußprüfers gemäß § 317 I S. 3. besteht darin, die Abschlußprüfung so durchzuführen, daß Unrichtigkeiten und Verstöße gegen gesetzliche Vorschriften und ergänzende Bestimmungen des Gesellschaftsvertrags oder der Satzung aufgedeckt werden. Diese sind im Bestätigungsvermerk und im Prüfungsbericht aufzuführen. Zudem hat der Abschlußprüfer gemäß § 321 I S. 3. im Prüfungsbericht schwerwiegende Verstöße der gesetzlichen Vertreter oder von Arbeitnehmern gegen Gesetz, Gesellschaftsvertrag oder Satzung zu erkennen und zu erläutern.[265]

---

[263] Vgl. Ebenda, S. 219. f.
[264] Vgl. *IDW* (Hrsg.): Entwurf einer Neufassung des IDW Prüfungsstandards: Zur Aufdeckung von Unregelmäßigkeiten im Rahmen der Abschlußprüfung (IDW EPS 210 nF), in: WPg, 2006, Heft 4, S. 220.
[265] Vgl. Ebenda ,S. 221.

Dem Wirtschaftsprüfer kommt hinsichtlich der Verhinderung von Unrichtigkeiten und Verstößen somit lediglich eine vorbeugende Funktion zu.[266]

7.5.2 Interne Qualitätssicherung im Rahmen der VO 1/2006

Die WPK und das IDW haben eine gemeinsame Stellungnahme „Zu den Anforderungen an die Qualitätssicherung in der Wirtschaftsprüferpraxis" herausgegeben. Der so genante VO 1/1995 beschäftigt sich mit den Grundsätzen **zur internen Qualitätssicherung** bei der Praxisorganisation und der Abwicklung von Aufträgen.[267]

Nach der Überarbeitung des VO 1/1995 wurde er durch den am 27.03.2006 veröffentlichten VO 1/2006 abgelöst.[268] Der ursprüngliche Entwurf V0/2005 wurde infolge zahlreicher Einwendungen des Berufsstands nochmals überarbeitet, so daß sich die Herausgabe auf das Jahr 2006 verschoben hat und aus dem ursprünglichen Entwurf VO 1/2005 VO 1/2006 wurde.[269]

Der Entwurf 1/2005 bzw. die VO 1/2006 will durch die Einführung von Qualitätssicherungsstandards die Einhaltung der Berufspflichten durch den Wirtschaftprüfer und seine Mitarbeiter sicherstellen.[270] Sie bilden somit die Grundlage eines proaktiven[271] Risi-

---

266 Vgl. Ebenda, S. 220.

267 *Treuberg*, H.: Konzeption des Systems der externen Qualitätskontrolle in Deutschland. In: *Marten*, K. / *Quick*, R. / *Ruhnke*, K.: Externe Qualitätskontrolle im Berufsstand der Wirtschaftsprüfer, 2004, S. 26.

268 „V0 1/2006 – Gemeinsame Stellungnahme der WPK und des IDW: Anforderungen an die Qualitätssicherung in der Wirtschaftsprüferpraxis"; siehe URL: http://www.wpk.de/vo_1-2006/qualitaetssicherung.asp [Stand 08.08.2006]

269 „V0 1/2006 seit April 2006 endgültig herausgegeben"; siehe URL: http://www.wp-mittelstand.de/front_content.php?idcat=83&idart=448 [Stand: 08:08.2006]

270 Vgl. *Schmidt*, A. / *Pfitzer*, N.: Qualitätssicherung in der Wirtschaftsprüferpraxis, in: WPg, 2005, Heft 7, S. 323.

271 „Unter einem proaktiven Risikomanagement wird die Ausrichtung der Aktivitäten im Risikomanagement auf die Vermeidung von Schadensfällen verstanden." Vgl. Schmidt, S.: Risikomanagement und Qualitätssicherung in der Wirtschaftsprüferpraxis, in: WPg, 2006, Heft 5, S. 267.

komanagements, welches Verstöße gegen Berufspflichten mit hinreichender Sicherheit abwenden soll. Risikomanagement und Qualitätssicherung sind demnach in den Wirtschaftsprüferpraxen fest miteinander verbunden.[272]

In der nachfolgenden Abbildung sind die Rahmenbedingungen des Entwurfs VO 1/2005 dargestellt:

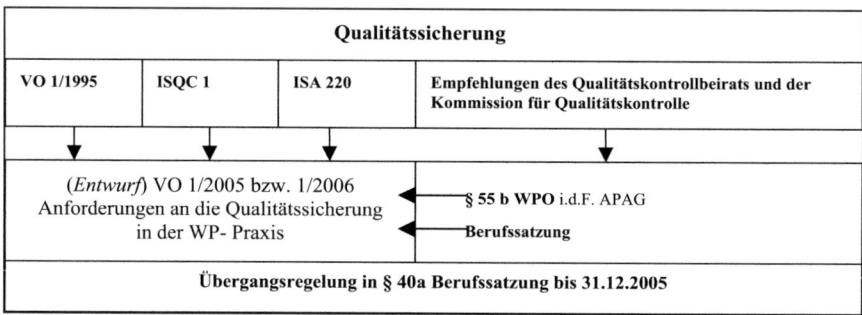

Abb. 14: Rahmenbedingungen des Entwurfs VO 1/2005 – Anforderungen an die Qualitätssicherung in der WP-Praxis

Quelle: Pfitzer, N.: Aktuelles zur Qualitätssicherung und Qualitätskontrolle, in: WPg, 2006, Heft 4, S. 190 (eigene Darstellung).

Der Entwurf VO 1/2005 bzw. VO 1/2006 enthält eine Stellungnahme zu den Anforderungen an die Qualitätssicherung. Eine vergleichbare Regelung ist in §55 b WPO normiert. Dieser sieht eine gesetzliche Verpflichtung für den Wirtschaftsprüfer vor, Regelungen zu schaffen, die die Einhaltung der Berufspflichten gewährleisten.[273]

Der Entwurf VO 1/2005 bzw. VO 1/2006 ist unter anderem an folgende Arbeitsgrundsätze seitens des Vorstandsarbeitskreises geknüpft:

- Der Entwurf V0 1/2005 bzw. VO 1/2006 mußte unter der Beachtung der internationalen Anforderungen erstellt werden.

---

[272] Vgl. *Schmidt*, S.: Risikomanagement und Qualitätssicherung in der Wirtschaftsprüferpraxis, in: WPg, 2006, Heft 5, S. 265.

[273] „Gemeinsame Stellungnahme der WPK und der IDW: Anforderungen an die Qualitätssicherung in der Wirtschaftsprüferpraxis (VO 1/2006); siehe URL: http://www.wpk.de/pdf/VO_1-2006.pdf, S. 2. f. [Stand: 08:08.2006]

- Es mußte auf Empfehlungen des Qualitätskontrollbeirats und der Kommission für Qualitätskontrolle eingegangen werden.[274]

Im Mittelpunkt dieser Empfehlungen standen drei Punkte:

1. Eine Ausarbeitung der Vorgaben für die Gestaltung von Qualitätssicherungssystemen soll im Vordergrund stehen.

2. Eine Steigerung des Verpflichtungsgrads der Regeln soll angestrebt werden.

3. Es soll in kleinen Wirtschaftsprüfer-Praxen bei der internen Nachschau für Erleichterungen gesorgt werden. Außerdem soll auf deren Belange eingegangen werden.[275]

Die Etablierung eines Risikomanagement- und Qualitätssicherungssystems hat zur Folge, daß notwendige fachliche, personelle und Infrastrukturen geschaffen werden, mit denen die Berufspflichten bei der Verrichtung des beruflichen Diensts eingehalten werden können. Es soll so garantiert werden, daß die Abgabe der Prüfungsurteile zutreffend ist. Wichtig in diesem Zusammenhang ist auch die Einhaltung der Regelungen eines solches System, was nur bei geeigneter Kontrolle dessen gewährleistet werden kann.[276]

7.6 Externe Qualitätskontrolle im Rahmen der Vierten WPO-Novelle

Im Jahr 2000 hat die EU-Kommission eine unverbindliche Empfehlung zur externen Qualitätskontrolle formuliert. Dies war in vielen Ländern (auch in Deutschland) ein Auslöser zur Einführung ei-

---

[274] Vgl. *Pfitzer*, N.: Aktuelles zur Qualitätssicherung und Qualitätskontrolle, in: WPg, 2006, Heft 4, S. 190.

[275] Vgl. *Pfitzer*, N.: Aktuelles zur Qualitätssicherung und Qualitätskontrolle, in: WPg, 2006, Heft 4, S. 190.

[276] Vgl. *Schmidt*, S.: Risikomanagement und Qualitätssicherung in der Wirtschaftsprüferpraxis, in: WPg, 2006, Heft 5, S. 273.

nes Qualitätskontrollverfahrens im Rahmen der Vierten WPO-Novelle zum 01.01.2001. [277]

Im Gegensatz zur VO 01/2006 [siehe Kapitel 7.5.2.], welcher sich mit der Internen Qualitätssicherung auseinandersetzt,[278] handelt es sich hierbei um ein externes Kontrollverfahren.[279]

Die externe Qualitätskontrolle verfolgt das Ziel, eine hinreichend sichere Beurteilung der Angemessenheit und Wirksamkeit des Qualitätssicherungssystems der Wirtschaftsprüferpraxis geben zu können.[280]

Das Verfahren - welches in Anlehnung des US-amerikanischen Peer-Review-System entwickelt wurde – führt dazu, daß die internen Qualitätssicherungssysteme durch einen außenstehenden Wirtschaftsprüfer überprüft werden. Die Durchführung dieses Verfahrens muß bei börsennotierten Unternehmen bis spätesten zum 31.12.2002 erfolgt sein. Alle übrigen Wirtschaftsprüfer, welche gesetzlich verpflicht sind, Abschlußprüfungen durchzuführen, hatten sich bis spätestens zum 31.12.2005 Zeit, sich einer externen Qualitätskontrolle zu unterziehen. Die Wirtschaftsprüfer sind gemäß § 57a I S. 1 WPO zur Durchführung der externen Qualitätskontrolle im Abstand von drei Jahren verpflichtet.[281] Falls der Wirtschaftsprüfer keine wirksame Bescheinigung über die Teilnahme an einer ex-

---

[277] Vgl. *Lanfermann*, G.: Neue EU-Richtlinie zur Abschlussprüfung, in: WPK-Magazin, 2006, Heft 1, S. 41.

[278] Vgl. *Treuberg*, H.: Konzeption des Systems der externen Qualitätskontrolle in Deutschland. In: *Marten*, K. / *Quick*, R. / *Ruhnke*, K.: Externe Qualitätskontrolle im Berufsstand der Wirtschaftsprüfer, 2004, S. 26.

[279] Vgl. *Köhler*, A. / *Marten*, K.: Prüfungsqualität als Forschungsgegenstand – Traditionelle Sichtweise und Erweiterungen des Begriffsverständnisses. In: *Marten*, K. / *Quick*, R. / *Ruhnke*, K.: Externe Qualitätskontrolle im Berufsstand der Wirtschaftsprüfer, 2004, S. 3.

[280] Vgl. *Treuberg*, H.: Konzeption des Systems der externen Qualitätskontrolle in Deutschland. In: *Marten*, K. / *Quick*, R. / *Ruhnke*, K.: Externe Qualitätskontrolle im Berufsstand der Wirtschaftsprüfer, 2004, S. 29.

[281] Vgl. *Marten*, K. / *Köhler*, A. / *Meyer*, S.: Umbruch im Peer-Review-System – Deutscher Status quo und der Sarbanes-Oxley Act of 2002, in: WPg, 2003, Heft 1-2, S. 10.

ternen Qualitätskontrolle vorweisen kann, wird er von der gesetzlichen Abschlußprüfung ausgeschlossen.[282]

7.7 Auswirkungen der internationalen Rechnungslegung

Seit 1998 besteht für alle börsennotierten Mutterunternehmen aufgrund des KapAEG und der damit eingeführten Öffnungsklausel des § 292a die Möglichkeit, den Konzernabschluß nach international anerkannten Rechnungslegungsgrundsätzen aufzustellen.[283] Inzwischen (seit 2005) sind fast alle börsennotierten Unternehmen verpflichtet, nach IAS zu bilanzieren. Zudem können auch kleine und mittelständige Unternehmen den Abschluß freiwillig nach IAS aufstellen.[284]

7.7.1 CPA-Abschluß bzw. CMA-Abschluß

Ausschließliche HGB-Kenntnisse sind für den Wirtschaftsprüfer aufgrund der Internationalen Rechnungslegungsstandards oftmals nicht mehr ausreichend; er muß zusätzlich auch noch Kenntnisse in IAS/IFRS und US-GAAP besitzen. Um dieses Know-how zu erwerben, kann der Wirtschaftsprüfer zusätzlich zur Wirtschaftsprüfer-Qualifikation einen Certified Public Accounting-Abschluß

---

[282] Vgl. *Marten*, K. / *Köhler*, A.: Durchführung externer Qualitätskontrollen in der Wirtschaftsprüferpraxis -Vergleich deutscher und US-amerikanischer Normen, in: WPg, 2002, Heft 5, S. 241.

[283] Vgl. *Böcking*, H. / *Orth*, C. / *Brinkmann*, R.: Die Anwendung der International Standards on Auditing (ISA) im Rahmen der handelsrechtlichen Konzern-Abschlußprüfung und deren Berücksichtigung im Bestätigungsvermerk, in: WPg, 2000, Heft 5, S. 216 f.

[284] Vgl. *Korth*, M.: HGB-Modernisierung notwendig, in: Consultant, 2005, Heft 9, S. 34.

(CPA-Abschluß)[285] oder einen Certified Management Accountant-Abschluß (CMA-Abschluß) ablegen.[286]

Der CPA ist die US-amerikanische Variante des Wirtschaftsprüfers. Die Prüfung kann zweimal im Jahr in den USA in Englisch absolviert werden. Als Zugangsvoraussetzung für die Prüfung gilt der Universitäts-, Berufsakademie-, oder Fachhochschulabschluß in Rechnungslehre, Prüfungslehre und Wirtschaftsrecht.[287] Mit erfolgreichem Abschluß wird der US-amerikanische Berufstitel CPA verliehen.[288]

Beim CMA handelt es sich hingegen um einen Nachweis über eine in einer privaten Institution durchgeführten Fortbildungsmaßnahme. Er erfordert als Zugangsvoraussetzung kein abgeschlossenes Hochschulstudium und kann an Computertestcentern in Berlin, Frankfurt und München abgelegt werden.[289]

7.7.2 Die International Standards on Auditing (ISA)

Die Abschlußprüfung soll im Rahmen der Internationalisierung nicht nur nach den Rechnungslegungsgrundsätzen von IAS, sondern auch nach international einheitlichen Prüfungsgrundsätzen erfolgen. Die Adressaten wollen das Urteil somit in vereinheitlichter

---

[285] Vgl. *Löwer*, C.: Old Germany und internationale Rechnungslegung– Deutsche Wirtschaftsprüfer lernen IAS oder machen sogar den US-Abschluss CPA, in: HB, 13.10.2003, S. B 8.

[286] Vgl. *Brinkmann*, R. / *Staresinic*, S. / *Müller*, J.: Klarstellung der Darstellung zum Berufsstand der US-Certified Public Accountants – Erwiderung der German CPA Society e. V. (GCPAS) zum Beitrag von Petra Plininger, KoR 2004 S.263. in: KoR, 2004, Heft 9, S. 370.

[287] Vgl. *Löwer*, C.: Old Germany und internationale Rechnungslegung– Deutsche Wirtschaftsprüfer lernen IAS oder machen sogar den US-Abschluss CPA, in: HB, 13.10.2003, S. B 8.

[288] Vgl. *Brinkmann*, R. / *Staresinic*, S. / *Müller*, J.: Klarstellung der Darstellung zum Berufsstand der US-Certified Public Accountants – Erwiderung der German CPA Society e. V. (GCPAS) zum Beitrag von Petra Plininger, KoR 2004 S.263. in: KoR, 2004, Heft 9, S. 370.

[289] Vgl. Ebenda, S. 370. f.

Form mittels des so genanten „Auditor`s Report" erhalten, als solche gelten die ISA.[290]

Die ISA sind bei den Abschlüssen jedoch zu beachten. Dies ist auf die Umsetzungsverpflichtung in deutsche Prüfungsgrundsätze zurückzuführen, die das IDW und die WPK durch ihre Mitgliedschaft in der IFAC übernommen haben.[291] Die IFAC bringt die ISA heraus, welche sich aus 35 Einzelregeln zusammensetzen. Diese beinhalten Anforderungen an die Abschlußprüfung, welche in das jeweilige nationale Recht übersetzt werden sollten. In Deutschland erfolgte die Transformation bei 17 der 35 Regeln, wobei wesentliche Komponenten von GAAS (Generally Accepted Auditing Standards) miteinbezogen werden. Gleichzeitig fand eine Überarbeitung der Fachgutachten des Instituts der deutschen Wirtschaftsprüfer (IDW) statt. Die Prüfungsstandards des IDW berücksichtigen die ISA.[292] Zudem müssen heutzutage oftmals die Prüfungsergebnisse in international vereinheitlichter Form („Auditor`s Report") erfolgen; zu diesen zählen die ISA.[293]

Geschäftsrisikoorientierte Abschlußprüfung

Im Jahr 2003 wurden der ISA 315 und der ISA 330,[294] welche sich mit der Weiterentwicklung des geschäftsrisikoorientierten Prüfungsansatzes befassen, veröffentlicht.[295] Sie sind jedoch für den

---

[290] Vgl. *Böcking*, H. / *Orth*, C. / *Brinkmann*, R.: Die Anwendung der International Standards on Auditing (ISA) im Rahmen der handelsrechtlichen Konzernabschlußprüfung und deren Berücksichtigung im Bestätigungsvermerk, in: WPg, 2000, Heft 5, S.217.

[291] Vgl. Ebenda, S.217. f.

[292] Vgl. *Grünberger*, H.: Grundzüge der Wirtschaftsprüfung - Eine Einführung in internationale Rechnungslegungsstandards, 2004, S.169. f.

[293] Vgl. *Böcking*, H. / *Orth*, C. / *Brinkmann*, R.: Die Anwendung der International Standards on Auditing (ISA) im Rahmen der handelsrechtlichen Konzernabschlußprüfung und deren Berücksichtigung im Bestätigungsvermerk, in: WPg, 2000, Heft 5, S. 217.

[294] Vgl. *Schmidt*, S.: Geschäftsverständnis, Risikobeurteilungen und Prüfungshandlungen des Abschlussprüfers als Reaktion auf beurteilte Risiken, in: WPg, 2005, Heft 16, S. 873 f.

[295] Vgl. *Ruhnke*, K. / *Lubitzsch*, K.: Abschlußprüfung und das neue Aussagen-Konzept der IFAC: Darstellung, Beweggründe und Beurteilung, in: WPg, 2006, Heft 6, S. 366.

Fall, daß der ISA nach Absprache mit dem Auftraggeber Berücksichtigung finden soll, erst auf Abschlußprüfungen, die nach dem 14.12.2004 stattfinden sollten, anwendbar.[296]

Die ISA 315 und 330 beinhalten ein Risikoprüfungsmodell, das sich mit dem Risiko von falschen Angaben in der Rechnungslegung befaßt.[297]

Die nachstehende Übersicht stellt die einzelnen Prüfungsschritte der ISA 315 und 330 dar:

---

[296] Vgl. *Schmidt*, S.: Geschäftsverständnis, Risikobeurteilungen und Prüfungshandlungen des Abschlussprüfers als Reaktion auf beurteilte Risiken, in: WPg, 2005, Heft 16, S. 873 f.

[297] Vgl. Ebenda, S. 874.

Durchführung von Prüfungshandlungen zur Feststellungen von Risiken für wesentliche falsche Angaben in der Rechnungslegung						
Kenntnisse der zu prüfenden Einheit und ihres Umfelds				*Kenntnisse des rechnungsbezogenen internen Kontrollsystems (COSO)*		
Unternehmen und Unternehmensfeld	Merkmale des Unternehmens einschließlich Bilanzierungspraktiken	Ziele und Strategien	Erfolgskennzahlen und Erfolgsmessung	Beurteilung der Angemessenheit und der Implementierung interner Kontrollen	Kontrollumfeld	
					Risikobeurteilungsprozeß	
					Rechnungslegungsrelevantes Informationssystem	
					Kontrollaktivitäten	
					Überwachung des IKS	
Beurteilung für wesentliche falsche Angaben in der Rechnungslegung						
Feststellung der Risiken und der relevanten Kontrollen	Feststellung des Zusammenhangs zwischen Risiken und Aussagen in der Rechnungslegung		Feststellung der Größenordnung der möglichen falschen Angaben		Bestimmung der Wahrscheinlichkeit, daß die Risiken zu einer falschen Angabe führen	
Informationen des Aufsichtsorgans über wesentliche Schwächen des IKS						
Klassifizierung der beurteilten Risiken für wesentliche falsche Angaben						
Bedeutsame Risiken						
Risiken, bei denen aussagebezogene Prüfungshandlungen nicht ausreichen						
Sonstige Risiken						
Festlegung und Durchführung von Prüfungshandlungen als Reaktion auf die beurteilten Risiken						
Allgemeine Reaktionen					*Spezielle Reaktionen (Aussageebene)*	
Kritische Grundhaltung	Besetzung des Prüfungsteams	Qualitätssicherung	Überraschungselemente	Sonstige Aspekte des Prüfungsvorgehens	Funktionsprüfungen des IKS und aussagebezogene Prüfungshandlungen	
					Funktionsprüfungen	Einzelfallprüfungen	Aussagebezogene analytische Prüfungshandlungen
Dokumentation der Prüfungshandlungen und der Prüfungsfeststellungen						

Abb. 15.:Übersicht

Quelle: Schmidt, S.: Geschäftsverständnis, Risikobeurteilungen und Prüfungshandlungen des Abschlussprüfers als Reaktion auf beurteilte Risiken, in: WPg, 2005, Heft 16, S. 876 (eigene Darstellung).

8 Ergebnissicherung

8.1 Schließung oder Erweiterung der Erwartungslücke?

Die Auswirkungen der dargestellten Reformen auf die Erwartungslücke werden unterschiedlich beurteilt. Die einen sehen darin eine Erweiterung der Erwartungslücke, die anderen eine Schließung.

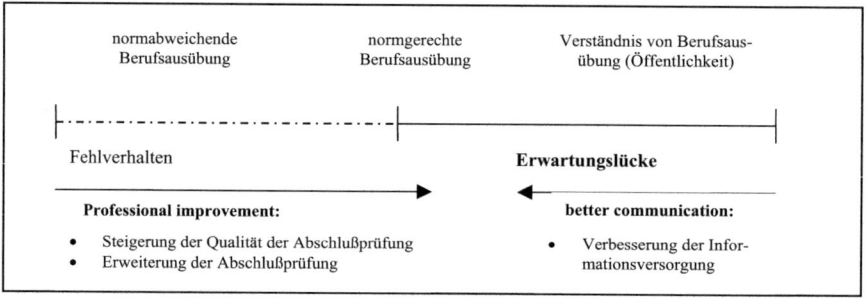

Abb. 16: Strategien zur Verringerung der Erwartungslücke

Quelle: Wolf, K. / Runzheimer, B.: Risikomanagement und KonTraG – Konzeption und Implementierung, 4., vollständig, überarbeitete und erweiterte Auflage, 2003, S. 22 (eigene Darstellung).

8.1.1 Verringerung der Erwartungslücke

Die Verringerung der Erwartungslücke soll dadurch erreicht werden, daß den Verständnismängeln der Öffentlichkeit durch entsprechende Informationen über Möglichkeiten und Grenzen der Abschlußprüfung entgegengewirkt wird.[298]

Außerdem soll die Erwartungslücke durch eine Fortentwicklung der externen Rechnungslegung und der Prüfung sowie durch die Versorgung der Öffentlichkeit mit Informationen, die eine

---

[298] Vgl. *Stefani*, U.: Abschlussprüfung, Unabhängigkeit und strategische Interpendenzen, 2002, S. 63.

schnellere Reaktion auf bestehende und drohende Risiken mit sich bringen sollen, geschlossen werden.[299]

Diesem Ziel dient auch die Etablierung des aus dem Aufsichtsrat und dem Abschlußprüfer bestehenden Überwachungsduos. Hierbei wurde der Abschlußprüfer mit seinem Wissen und Können dem Aufsichtsrat zur Seite gestellt. Die Aufgabe des Abschlußprüfers besteht darin, den Aufsichtsrat durch seine sachverständig aufbereiteten Prüferinformationen zu unterstützen. Dieses soll durch gezielte Suche, Aufdeckung und Darstellung der Fehler in der Rechnungslegung erreicht werden. Dies wurde schon vorher von dem Abschlußprüfer im Rahmen der Grundsätze guter Berufsausübung verlangt. Durch die gesetzliche Verankerung bekam diese Aufgabe jedoch einen höheren Stellenwert.[300] Zudem sollen kriminelles Verhalten, Täuschungen und sonstige Gesetzesverstöße vermehrt aufgedeckt werden.[301]

Die gesetzlichen Reformen zur Verringerung der Erwartungslücke können in zwei Gruppen unterteilt werden. Die einen sollen zur Sicherung der Qualität der Abschlußprüfung führen, die anderen zur Erweiterung des Prüfungsumfangs.[302]

Konkrete Schritte zur Sicherung der Qualität sind u. a:

- die Einführung des § 91 II AktG, nach dem der Vorstand verpflichtet ist, ein Risikofrüherkennungssystem einzuführen [siehe Kapitel 6.3.2.2.],

- § 317 IV die Kontrolle des Risikomanagements seitens des Abschlußprüfers, [siehe Kapitel 6.3.2.2.]

---

299 Vgl. *Dörner*, D.: Von der Wirtschaftsprüfung zur Unternehmensberatung, in: WPg, 1998, Heft 7, S. 303.

300 Vgl. *Hommelhoff*, P. / *Mattheus*, D.: Die Rolle des Abschlussprüfers bei der Corporate Governance. In: *Hommelhoff*, P. (Hrsg.): Handbuch corporate governance: Leitung und Überwachung börsennotierter Unternehmen in der Rechts- und Wirtschaftspraxis, 2003, S. 654. f.

301 Vgl. MünchKommHGB-*Ebke*, Vor § 316 RdNr. 16. f.

302 Vgl. *Böcking*, H. / *Orth*, C.: Kann das „Gesetz zur Kontrolle und Transparenz im Unternehmensbereich (KonTraG)" einen Beitrag zur Verringerung der Erwartungslücke leisten? – Eine Würdigung auf Basis von Rechnungslegung und Kapitalmarkt, in: WPg, 1998, Heft 8, S. 353.

- der Ausschluß von Wirtschaftsprüfern bei Befangenheit gemäß § 319 und § 319 a [siehe Kapitel 7.2.1.2. b]

- die Erhöhung der Haftungssumme, [siehe Kapitel 3.].[303]

Der Prüfungsumfang wurde u. a. um die folgenden Prüfungspunkte erweitert:

- eine ergänzende Geschäftsführungsprüfung,

- Unternehmensanalysen seitens des Abschlußprüfers hinsichtlich der Fortführungsprämisse

- sowie der Vornahme einer umfangreichen Prüfung und Beurteilung der Vermögens, Finanz- und Ertragslage, des Risikos und des Lageberichts.[304]

8.1.2 Erweiterung der Erwartungslücke

Die Reformen können jedoch auch eine unfreiwillige Erweiterung der Erwartungslücke bewirken.

Bisher war die Jahresabschlußprüfung ein Soll-Ist-Vergleich. Jetzt muß der Abschlußprüfer jedoch eine Aussage darüber treffen, ob die Risiken der künftigen Entwicklung richtig dargestellt worden sind. Der Gesetzgeber hat dem Abschlußprüfer gemäß § 317 II eingeräumt, daß es sich bei der dargestellten Entwicklung der Unternehmung im Lagebericht nur um prognostische Einschätzungen handeln kann. Es fehlt somit eine gesetzliche Definition des Soll-Objekts. Der Abschlußprüfer hat infolgedessen **nur** die Möglichkeit, sich darüber Gewißheit zu verschaffen, ob alle verfügbaren Informationen eingebracht worden sind und ob die wesentlichen Annahmen für die Berichterstattung des Vorstandes richtig erfaßt worden sind. Mit der Aufgabe, eine zutreffende Prüfung des Lageberichts durchzuführen, könnte der Abschlußprüfer demnach überfordert

---

[303] Vgl. Ebenda, S. 353.
[304] Vgl. Ebenda, S. 353.

sein[305] und somit nicht den öffentlichen Erwartungen an die Aussagefähigkeit des Prüfungsurteils gerecht werden.[306] Der Abschlußprüfer wird in eine Gutachterfunktion hineingedrängt. Ihm steht ein weitaus größerer Ermessensspielraum zur Verfügung und es fließen hierdurch mehr subjektive Erwägungen in das Ergebnis der Abschlußprüfung ein. Diese betreffen u. a. die Risiken der künftigen Entwicklung und beziehen sich somit auf zukünftige Geschehensabläufe. Es besteht daher die Gefahr, daß in Folge eine Diskrepanz zwischen der tatsächlichen Entwicklung und der Beurteilung des Abschlußprüfers entstehen könnte.[307]

8.2 Ist die Unabhängigkeit der Abschlußprüfung durch die Reformen gewährleistet?

Die Grundsätze der Unabhängigkeit und Unbefangenheit stellen die grundlegenden Berufspflichten der wirtschaftsprüfenden Berufe dar. Die Objektivität ist notwendig, damit die Qualität der Prüfungsergebnisse und das Vertrauen der Öffentlichkeit in die Arbeit der Abschlußprüfer garantiert ist.[308]

Der Abschlußprüfer ist für die Überprüfung von Jahresabschlüssen und Lageberichten zuständig.[309] Den Bestätigungsvermerk, welchen er daraufhin erstellt und zeichnet, ist für die Öffentlichkeit nur von Bedeutung, wenn er unabhängig und objektiv erteilt worden ist.[310] Das heißt, es ist entscheidend, daß der Abschlußprüfer bei der Prüfung urteilsfrei sowie urteilsfähig ist und

---

305 Vgl. *Schmidt*, P.: Der Beruf des Wirtschaftsprüfers-quo vadis ?, in: WPg, 1998, Heft 7, S. 320 f.

306 Vgl. *Krall*, M.: Auswirkungen der Bilanzrechtsreform auf die handelsrechtliche Abschlußprüfung. In: *Freidank*, C. (Hrsg.): Reform der Rechnungslegung und Corporate Governance in Deutschland und Europa, 2004, S. 119.

307 Vgl. *Schmidt*, P.: Der Beruf des Wirtschaftsprüfers-quo vadis ?, in: WPg, 1998, Heft 7, S. 320 f.

308 Vgl. *Mayer*, H. u. a.: Gefahrenbereiche der Wirtschaftsprüfung in Bezug auf den Straftatbestand der Verletzung der Berichtspflicht, 2005, S. 11.

309 Vgl. *Quick*, R.: Prüfung, Beratung und Unabhängigkeit des Abschlußprüfers , in: BFuP, 2006, Heft 1, S. 42.

310 Vgl. *Krall*, M.: Unter öffentlicher Kontrolle, in: Consultant, 2004, Heft 11, S. 22.

daß eine sachgerechte Urteilsbildung stattgefunden hat. Die Urteils-freiheit ist gegeben, wenn das Urteil des Prüfers frei von außenste-henden Einflüssen ist. Sie setzt daher die Unbefangenheit und Un-abhängigkeit des Abschlußprüfers voraus. Die Urteilsfähigkeit stellt auf die fachliche Qualifikation des Abschlußprüfers ab.[311]

Die IFAC stellt bei der Überprüfung der Unabhängigkeit des Abschlußprüfers sowohl auf seine innere Einstellung als auch das äußere Erscheinungsbild ab. Bei der inneren Unabhängigkeit steht die innere Einstellung im Vordergrund. Der Abschlußprüfer soll demnach ohne geistige Bindung unvoreingenommen seiner berufli-chen Tätigkeit nachgehen. Die äußere Unabhängigkeit setzt voraus, daß der Abschlußprüfer seinen Beruf ausführen kann, **ohne** von dem zu prüfenden Unternehmen oder Dritten wirtschaftlich, recht-lich oder faktisch eingeschränkt zu werden.[312]

Die Unabhängigkeit des Wirtschaftsprüfers kann durch ge-schäftliche, finanzielle oder persönliche Beziehungen beeinträchtigt werden.[313] Prinzipiell kann von einer vollständigen Unabhängigkeit des Prüfers nur ausgegangen werden, wenn sowohl seine Bestel-lung, die Mandantenbeziehung sowie auch die Bezahlung komplett „ex ante" festgelegt werden und der Prüfer keinerlei prüfungsfrem-de Leistungen im beruflichen Zusammenhang tätigen wird. Fraglich wäre jedoch ebenso, ob die Urteilsfreiheit nicht durch langjährige Mandantenbeziehungen, die ein Nachlassen der Prüfungsintensität und der Aussagekraft der Berichterstattung mit sich bringen könn-ten, beeinträchtigt wird. Ebenso kann die Gebührengestaltung, bei-spielsweise das sogenannte „Low-Balling"[314] zu Abhängigkeiten

---

[311] Vgl. *Marten*, K. / *Quick*, R. / *Ruhnke*, K.: Wirtschaftsprüfung - Grundlagen des betriebswirtschaftlichen Prüfungswesen nach nationalen und internati-onalen Normen, 2., überarbeitete Auflage, 2003, S. 151.

[312] Vgl. *Quick*, R.: Prüfung, Beratung und Unabhängigkeit des Abschlußprüfers , in: BFuP, 2006, Heft 1, S. 42. f.

[313] Vgl. *Krall*, M.: Unter öffentlicher Kontrolle, in: Consultant, 2004, Heft 11, S. 22.

[314] D.h. die Erstprüfung eines neuen Prüfers wird unter den eigenen Kosten an-geboten, damit der Prüfer den Prüfungsauftrag erlangt. Vgl. *Doralt*, W.: Haf-tung der Abschlußprüfer, 2005, S. 49.

führen.[315] Zudem ist der Anreiz zu einer gewissenhaften Abschlußprüfung nach Erhalt des Auftrags geringer, weil das Honorar nicht adäquat zum Prüfungsumfang ist.[316] Die Unabhängigkeit des Abschlußprüfers soll u.a. durch Maßnahmen des KonTraG und des BilReG gestärkt werden:

Das KonTraG [siehe Kapitel 6.3.1.] veranlaßte, daß zukünftig der Prüfungsauftrag nicht mehr durch den Vorstand sondern durch den Aufsichtsrat erteilt wird.[317] Diese Änderung soll eine zu große Nähe zwischen Abschlußprüfer und Vorstand vermeiden und somit die Unabhängigkeit stärken.[318] Aufgrund des BilReG [siehe Kapitel 7.2.1.2. b] sollen durch die Neufassung der Bestimmungen des § 319 sowie der Einfügung des § 319 a sollen die Unbefangenheit der Abschlußprüfer gewährleistet werden.[319]

8.3 Fazit / Resume

Meines Erachtens besteht ein Konflikt zwischen dem Bestreben durch, präzise gesetzliche Vorgaben die Qualität der Abschlußprüfung zu erhöhen, und der Gefahr, daß durch eine starke Regulierung der betrieblichen Abläufe große Handelsgesellschaften in ihrer Flexibilität eingeschränkt werden. Das eigentliche Hauptziel dieser Unternehmungen, nämlich Gewinne durch die Weiterentwicklung ihrer Produkte zu erzielen, tritt in den Hintergrund.

---

315 Vgl. *Simons*, D.: Internationalisierung und Rechnungslegung, Prüfung und Corporate Governance, 1. Auflage, 2005, S. 114.

316 Vgl. *Doralt*, W.: Haftung der Abschlussprüfer – gegenüber der geprüften Gesellschaft, gegenüber verbundenen Unternehmen, gegenüber Dritten, Amtshaftung für den Bankprüfer, Haftpflichtversicherung, 2005, S. 49.

317 Vgl. Arbeitskreis „Externe und Interne Überwachung der Unternehmung" der Schmalenbach-Gesellschaft für Betriebswirtschaft e. V. (Hrsg.): Auswirkungen des KonTraG auf die Unternehmensüberwachung in: BB, 2000,Beilage Nr. 11, S. 4.

318 Vgl. MünchKommHGB-*Ebke*, Vor § 316 RdNr. 2.

319 Vgl. *Veltins*, M.: Verschärfte Unabhängigkeitsanforderungen an Abschlußprüfer, in: der Betrieb, 2004, Heft 8, S. 446.

Zur Stützung des Vertrauens der Kapitalanleger in die Kontrollfunktion des Jahresabschlußprüfers wurde, wie in der Untersuchung dargestellt, eine Vielzahl von Regulierungsmaßnahmen getroffen. Diese zwingen die prüfungspflichtigen Gesellschaften für deren Erstellung einen immer größeren finanziellen und personellen Aufwand zu betreiben.

Der erhöhte Prüfungsaufwand kann nur durch einen vergrößerten Mitarbeiterstab des Abschlußprüfers in einem vertretbaren Zeitrahmen bewältigt werden. Auch die verschärfte Überwachung der betriebsintern implementierten Risikofrüherkennungsmaßnahmen führt zunächst zu einem Anstieg des Personalaufwands. Hierfür müssen Mitarbeiter von anderen Betätigungsfeldern abgezogen werden oder neu eingestellt werden. Die Gesamtsituation führte in den letzten Jahren zu einem deutlichen Anstieg der Honorarzahlungen.

Einerseits können die Risikofrüherkennungsmaßnahmen, die der frühzeitigen Aufdeckung und Abwendung von Fehlern dienen, zu Qualitätsverbesserungen und Kostenersparnissen führen. Außerdem kann es zur Rückerlangung des Vertrauens der Kapitalanleger führen. Andererseits besteht lt. *Rüdiger von Rosen* die Gefahr, daß die detaillierten gesetzlichen Vorgaben zu ständigem Druck auf Ergänzung, zur Detaillierung, zur Verschärfung sowie zur Bürokratisierung führen.[320] Denn dies schränkt die betroffenen Unternehmen in ihrer Handlungsfreiheit in einer nicht mehr zu vertretenden Weise ein und ist mit marktwirtschaftlichen Grundsätzen nicht zu vereinen.

Bei der Festlegung der Funktion des Abschlußprüfers im Zusammenspiel des handelsrechtlichen Gläubiger- und Gesellschafterschutzes sollte nicht Außeracht gelassen werden, daß ein Abschlußprüfer aufgrund der durch Zeit- und Honorarvorgaben systembedingten Begrenzungen keine absoluten Garantien übernehmen kann.

---

[320] Vgl. *Rosen*, R. von: Die Überregulierung ist kaum noch zu bewältigen – Immer neue Regeln zur Unternehmensführung beschränken die Vorstände -, in: Frankfurter Allgemeiner, 12. Mai 2004, S. 27.

Es verbleibt daher ein unternehmerisches Restrisiko, das jedoch im Interesse eines beweglichen u. für Erneurungen aufgeschlossenen Marktes hingenommen werden sollte.

8.4 Ausblick

Als Ausblick auf die nähere Zukunft kann prognostiziert werden, daß die Corporate Governance auch in den folgenden Jahren sowohl die rechts- als auch die wirtschaftswissenschaftliche Diskussion weiterhin beschäftigen wird.[321] Dabei bleibt abzuwarten, ob die Maßnahmen den gewünschten Erfolg mit sich bringen.

Bisher ist **nur** der Konzernabschluß nach den Regeln des IAS / IFRS aufzustellen. Zukünftig könnte sich dieses jedoch ändern, da die EU-Kommission in ihrem Richtlinienvorschlag Art-E 26 beabsichtigt, daß alle gesetzlichen Abschlußprüfungen nach Maßgabe internationaler Standards durchzuführen sind. Die letztendliche Entscheidung ist jedoch noch nicht gefallen, da sie noch an weitere Voraussetzungen gebunden werden soll. Diese sind u. a. die Forderung der Kommission, daß die ISA hierzu überarbeitet und vervollständigt werden. Zum anderen wird vorausgesetzt, daß die Entwicklung von Rahmengrundsätzen sowie von Unterstützungssystemen voranschreitet und daß hochwertige Übersetzungen vorliegen.[322] Falls sich der Beschluß durchsetzt, kann davon ausgegangen werden, daß die Internationalisierung eine noch wichtigere Rolle in der Abschlußprüfung einnimmt und der Wirtschaftsprüfer an sie gebunden ist. Er muß dann was auch jetzt schon verstärkt die Regel ist neben den HGB-Kenntnissen, Wissen in IAS/IFRS und US-GAAP vorweisen können. Um dieses Know-how zu erlangen, kann

---

[321] Vgl. *Lentfer*, T.: Einflüsse der internationalen Corporate Governance-Diskussion auf die Überwachung der Geschäftsführung, 2005, S. 623. f.
[322] Vgl. Ebenda, S. 108 f.

der Wirtschaftsprüfer zusätzlich zur Wirtschaftsprüfer-Qualifikation einen CPA[323] oder einen CMA erwerben.[324]

---

[323] Vgl. *Löwer*, C.: Old Germany und internationale Rechnungslegung– Deutsche Wirtschaftsprüfer lernen IAS oder machen sogar den US-Abschluss CPA, in: HB, 13.10.2003, S. B 8.

[324] Vgl. *Brinkmann*, R. / *Staresinic*, S. / *Müller*, J.: Klarstellung der Darstellung zum Berufsstand der US-Certified Public Accountants – Erwiderung der German CPA Society e. V. (GCPAS) zum Beitrag von Petra Plininger, KoR 2004 S.263. in: KoR, 2004, Heft 9, S. 370.

Literaturverzeichnis

Verwendete Literatur:

Achleitner, Ann-Kristin / *Behr*, Giorgio: International Accounting Standards (Ein Lehrbuch zur internationalen Rechnungslegung), 3. Auflage, 2003, München: Franz Vahlen.

Baumeister, Alexander / *Freisleben*, Norbert: Prüfung des Risikomanagements und Risikolageberichts. In: *Richter*, Martin (Hrsg.): Entwicklungen der Wirtschaftsprüfung-Prüfungsmethoden-Risiko-Vertrauen, 2003, Bielefeld: Schmidt., S. 21-87.

Berens, Wolfgang / *Schmitting*, Walter: Zum Verhältnis von Controlling, Interner Revision und Früherkennung. In: *Freidank*, Carl-Christian (Hrsg.): Corporate Governance und Controlling, 2004, Heidelberg: Physica-Verlag., S. 51–75.

Bertl, Romuald / *Fröhlich*, Christoph: Der Ablauf der Jahresabschlußprüfungen. In: *Koziol*, Helmut / *Doralt*, Walter (Hrsg.): Abschlußprüfer - Haftung und Versicherung, 2004, Wien: Springer., S. 1-18.

Bitz, Horst: Risikomanagement nach KonTraG - Einrichtung von Frühwarnsystemen zur Effizinssteigerung und zur Vermeidung persönlicher Haftung, 2000, Stuttgart: Schäffer-Poeschel.

Doralt, Walter: Haftung der Abschlussprüfer - gegenüber der geprüften Gesellschaft, gegenüber verbundenen Unternehmen, gegenüber Dritten, Amtshaftung für den Bankprüfer, Haftpflichtversicherung, 2005, Wien: Lexis Nexis.

Ernst, Christoph: Überblick über die Änderungen des Handelsgesetzbuches zu Rechnungslegung und Abschlußprüfung. In: *Dörner*, Dietrich / *Menold*, Dieter / *Pfitzer*, Norbert (Hrsg.): Reform des Aktienrechts, der Rechnungslegung und Prüfung, 1999, Stuttgart: Poeschel-Schäffer., S. 321-368.

Freidank, Carl-Christian: Vorwort des Herausgebers. In: *Freidank*, Carl-Christian: Reform der Rechnungslegung und Corporate Governance in Deutschland und Europa, 2004, Wiesbaden: Deutscher-Universitätsverlag., S. 1-2.

Gräfe, Jürgen / *Brügge*, Michael: Vermögensschaden-Haftpflichtversicherung: Die Berufshaftpflichtversicherung für Rechtsanwälte, Steuerberater, Wirtschaftsprüfer und Notare, 2006, München: C.H. Beck.

Grünberger, Herbert: Grundzüge der Wirtschaftsprüfung - Eine Einführung in internationale Rechnungslegungsstandards, 2004, Wien: Linde.

Hirte, Heribert: Das Transparenz- und Publizitätsgesetz - einführende Gesamt-darstellung, 2003, München: Beck.

Heukamp, Wessel: Abschlußprüfer und Haftung, 2000, Köln: Carl Heymanns.

Hommelhoff, Peter / *Mattheus,* Daniela: Die Rolle des Abschlussprüfers bei der Corporate Governance. In: *Hommelhoff,* Peter (Hrsg.): Handbuch corporate governance: Leitung und Überwachung börsennotierter Unternehmen in der Rechts- und Wirtschaftspraxis, 2003, Köln: Schmidt. S. 639-671.

IDW (Hrsg.): Bilanzrechtsreformgesetz (BilReG), Bilanzkontrollgesetz (BilKoG), 2005, Düsseldorf: IDW.

IDW (Hrsg.): Der Wirtschaftsprüfer (Wege zum Beruf, Ausbildung durch das IDW), 2003, Düsseldorf: IDW.

IDW (Hrsg.): Die Prüfung des Risikofrüherkennungssystems nach § 317 Abs. 4 HGB (IDW PS 340), 2000, Düsseldorf: IDW.

IDW (Hrsg.): Grundsätze für die ordnungsmäßige Erteilung von Bestätigungs-vermerken bei Abschlußprüfungen (IDW PS 400), 1999, Düsseldorf: IDW.

Jansen, Wolf / *Pfitzer,* Norbert: Der Bestätigungsvermerk des Abschlußprüfers nach neuem Recht. In: *Dörner,* Dietrich / *Menold,* Dieter / *Pfitzer,* Norbert (Hrsg.): Reform des Aktienrechts, der Rechnungslegung und Prüfung, 1999, Stuttgart: Schäffer-Poeschel., S. 679-702.

Kaminski, Horst: Abschnitt A: Der Beruf des Wirtschaftsprüfers. In: IDW (Hrsg.): Wirtschaftsprüfer-Handbuch: Handbuch für Rechnungslegung, Prü-fung und Beratung, Band I, 2000, Düsseldorf: IDW., RdNr. 1-548., S. 1-138.

Kanitz, Friedrich Graf von: Bilanzkunde für Juristen, 2006, München: Beck.

Klempt, Alexander: Ökonomische Analyse der Änderungen von Inhalt und Prü-fung des Lageberichts durch das KonTraG, 2004, Frankfurt am Main: Lang.

Köhler, Annette G. / *Marten,* Kai-Uwe: Prüfungsqualität als Forschungsgegens-tand – Traditionelle Sichtweise und Erweiterungen des Begriffsverständnisses. In: *Marten,* Kai-Uwe / Quick, Reiner / *Ruhnke,* Klaus: Externe Qualitätskontrolle im Berufsstand der Wirtschaftsprüfer, 2004, Düsseldorf: IDW, S. 1-21.

Krall, Michael: Auswirkungen der Bilanzrechtsreform auf die handelsrechtliche Abschlussprüfung. In: *Freidank,* Carl Christian (Hrsg.): Reform der Rechnungs-legung und Corporate Governance in Deutschland und Europa, 2004, Wiesba-den: Deutscher-Universitätsverlag., S. 103-119.

Kreuser, Sigrun: KonTraG - Gesetz zur Kontrolle und Transparenz im Unternehmensbereich, TransPuG - Transparenz und Publizitätsgesetz, DCGK - Deutscher Corporate Governance Kodex, 2. vollständig überarbeitete Auflage, 2003, Köln: Solidaris.

Lange, Knut Werner / *Wall*, Friederike: Risikomanagement nach dem KonTraG - Aufgaben und Chancen aus betriebswirtschaftlicher und juristischer Sicht, 2001, München: Franz Vahlen.

Lauterbach, Andrea / *Brauner*, Detlef: Berufsziel Steuerberater / Wirtschaftsprüfer, 5. überarbeitete und erweiterte Auflage, 2006, Sternenfels: Wissenschaft und Praxis.

Lentfer, Thies: Einflüsse der internationalen Corporate Governance-Diskussion auf die Überwachung der Geschäftsführung, 2005, Wiesbaden: Deutscher Universitäts-Verlag.

Lück, Wolfgang: Betriebswirtschaftliche Aspekte der Einrichtung eines Überwachungssystems und eines Risikomanagementsystems. In: *Dörner*, Dietrich / *Menold*, Dieter / *Pfitzer*, Norbert (Hrsg.): Reform des Aktienrechts, der Rechnungslegung und Prüfung, 1999, Stuttgart: Schäffer-Poeschel., S. 139-178.

Magnus, Ulrich: Abschlußprüferhaftung in Deutschland. In: *Koziol*, Helmut / *Doralt*, Walter (Hrsg.): Abschlußprüfer - Haftung und Versicherung, 2004, Wien: Springer., S. 19-40.

Marten, Kai-Uwe: Lexikon der Wirtschaftsprüfung nach nationalen und internationalen Normen, 2006, Stuttgart: Schäffer-Poeschel.

Marten, Kai-Uwe / *Quick*, Reiner / *Ruhnke*, Klaus: Wirtschaftsprüfung - Grundlagen des betriebswirtschaftlichen Prüfungswesen nach nationalen und internationalen Normen, 2., überarbeitete Auflage, 2003, Stuttgart: Schäffer–Poeschel.

Mayer, Horst / Gleinig, Peggy / Creutz, Kerstin : Gefahrenbereiche der Wirtschaftsprüfung in Bezug auf den Straftatbestand der Verletzung der Berichtspflicht, 2005, Dresden: Dresdner Forum für Revision und Steuerlehre.

Meyding, Thomas / *Mörsdorf*, Roland: Neuregelungen durch das KonTraG und Tendenzen in der Rechtsprechung. In: *Saitz*, Bernd / *Braun*, Frank (Hrsg.): Das Kontroll- und Transparenzgesetz: Herausforderungen und Chancen für das Risikomanagement1999, Wiesbaden: Gabler., S. 5-31.

Peemöller, Volker H.: Einführung in das betriebswirtschaftliche Prüfungswesen. In: *Förschle*, Gerhard / *Peemöller*, Volker H. (Hrsg.): Wirtschaftsprüfung und Interne Revision, 2004, Heidelberg: Verlag Recht und Wirtschaft GmbH, S. 2-40.

Schütte, Jens: Risikomanagementsysteme - Ausgestaltung und Prüfung durch den Abschlußprüfer gemäß § 317 IV HGB, 2002, Marburg: Tectum.

Seibert, Ulrich: Das Gesetz zur Kontrolle und Transparenz im Unternehmensbereich (KonTraG) – Die aktienrechtlichen Regelungen im Überblick. In: *Dörner*, Dietrich / *Menold*, Dieter / *Pfitzer*, Norbert (Hrsg.): Reform des Aktienrechts, der Rechnungslegung und Prüfung, 1999, Stuttgart: Schäffer-Poeschel., S. 1-26.
Seibert, Ulrich: Stand und Perspektive der Reformbestrebungen aus dem Blickwinkel des Aufsichtsrats. In: *Freidank*, Carl Christian (Hrsg.): Reform der Rechnungslegung und Corporate Governance in Deutschland und Europa, 2004, Wiesbaden: Deutscher Universitätsverlag., S. 193-215.

Simons, Dirk: Internationalisierung und Rechnungslegung, Prüfung und Corporate Governance, 1. Auflage, 2005, Wiesbaden: Deutscher Universitätsverlag.

Stefani, Ulrike: Abschlußprüfung, Unabhängigkeit und strategische Interpendenzen, 2002, Stuttgart: Schäffer–Poeschel.

Treuberg, Hubert Graf von: Konzeption des Systems der externen Qualitätskontrolle in Deutschland. In: Marten, Kai-Uwe / Quick, Reiner /Ruhnke, Klaus: Externe Qualitätskontrolle im Berufsstand der Wirtschaftsprüfer, 2004, Düsseldorf: IDW, S. 23-40.

Veidt, Reiner: Die Tätigkeit der Wirtschaftsprüfer und vereidigten Buchprüfer: Kurzdarstellung der Aufgaben und Möglichkeiten des Berufsstandes, 2001, Düsseldorf: o. V.

Winkeler, Thilo: Strafbarkeit inhaltlich unrichtiger Bestätigungsvermerke, 2000, Berlin: Spitz.

Winnefeld, Robert: Bilanzkontrollgesetz und das System der Unternehmensüberwachung. In: *Freidank*, Carl Christian (Hrsg.): Reform der Rechnungslegung und Corporate Governance in Deutschland und Europa, Wiesbaden: Deutscher Universitätsverlag, 2004, S. 127-148.

Wolf, Klaus / *Runzheimer*, Bodo: Risikomanagement und KonTraG – Konzeption und Implementierung, 4., vollständig überarbeitete und erweiterte Auflage, 2003, Wiesbaden: Gabler.

Verwendete Zeitschriften:

Arbeitskreis „Externe und Interne Überwachung der Unternehmung" der Schmalenbach-Gesellschaft für Betriebswirtschaft e. V. (Hrsg.): Auswirkungen des KonTraG auf die Unternehmensüberwachung in: BB (Zeitschrift), 2000, Beilage Nr. 11, S. 1-11.

Baetge, Jörg / *Lienau*, Achim: Änderungen der Berufsaufsicht der Wirtschaftsprüfer - Implikationen für Wirtschaftsprüfer durch das geplante Bilanzkontrollgesetz und Abschlußprüferaufsichtsgesetz, der Betrieb (Zeitschrift), 2004, Heft 43, S. 2277-2281.

Böcking, Hans-Joachim / *Orth*, Christian / *Brinkmann*, Ralph : Die Anwendung der International Standards on Auditing (ISA) im Rahmen der handelsrechtlichen Konzernabschlußprüfung und deren Berücksichtigung im Bestätigungsvermerk, in: WPg (Zeitschrift), 2000, Heft 5, S. 216-234.

Böcking, Hans-Joachim / *Orth*, Christian: Kann das „Gesetz zur Kontrolle und Transparenz im Unternehmensbereich (KonTraG)" einen Beitrag zur Verringerung der Erwartungslücke leisten? - Eine Würdigung auf Basis von Rechnungslegung und Kapitalmarkt, in: WPg (Zeitschrift), 1998, Heft 8, S. 351-364.

Böcking, Hans-Joachim / *Dutzi*, Andreas: Neugestaltung der Berufsaufsicht für Wirtschaftsprüfer, in: BFuP (Zeitschrift), 2006, Heft 1, S. 1-21.

Böcking, Hans-Joachim: Zum Verhältnis von neuem Lagebericht, Anhang und IFRS – Ein Beitrag zur Berichterstattung über die Finanzinstrumente und die Finanzlage nach Bilanzrechtsreformgesetz, in: BB (Zeitschrift), 2005, Heft 20, Beilage 3, S. 216-234.

Brinkmann, Ralph / *Staresinic*, Steve / *Müller*, Jörg: Klarstellung der Darstellung zum Berufsstand der US-Certified Public Accountants – Erwiderung der German CPA Society e.V. (GCPAS) zum Beitrag von Petra Plininger, KoR 2004, S 263, in: KoR (Zeitschrift), 2004, Heft 9, S. 370-374.

Brösel, Gerrit / *Olbrich*, Michael / *Rudolf*, Jenny: Gründungsberatung durch den Wirtschaftsprüfer – Einige betriebswirtschaftliche und juristische Anmerkungen, in: WPg (Zeitschrift), 2005, Heft 23, S. 1284-1293.

D'Arcy, Anne: Aktuelle Entwicklungen in der europäischen und deutschen Rechnungslegung, in: EU-Monitor (Zeitschrift), Heft 19, 2004, S. 2-14.

Dißars, Ulf-Christian: Kündigung des Auftrags zur gesetzlichen Abschlussprüfung aus wichtigem Grund, in: BB (Zeitschrift), 2005, Heft 41, S. 2231-2234.

Dörner, Dietrich: Von der Wirtschaftsprüfung zur Unternehmensberatung, in: WPg (Zeitschrift), 1998, Heft 7, S. 302-317.

Forster, Karl-Heinz: Abschlußprüfung nach dem Regierungsentwurf des KonTraG, in: WPg (Zeitschrift), 1998, Heft 2, S. 41-56.

Freidank, Christian / *Steinmeyer*, Volker: Fortentwicklung der Lageberichterstattung nach dem BilReG aus betriebswirtschaftlicher Sicht, in: BB (Zeitschrift), 2005, Heft 46, S. 2512-2517.

Gelhausen, Friedrich / *Heinz*, Stephan: Der befangene Abschlußprüfer, seine Ersetzung und sein Honoraranspruch – Eine aktuelle Bestandsaufnahme auf der Grundlage des Bilanzrechtsreformgesetzes , in: WPg (Zeitschrift), 2005, Heft 13, S. 693-703.

Gelter, Martin: Zur ökonomischen Analyse der begrenzten Haftung des Abschlussprüfers, in: WPg (Zeitschrift), 2005, Heft 9, S. 486-498.

Giese, Rolf: Die Prüfung des Risikomanagementsystems einer Unternehmung durch den Abschlußprüfer gemäß KonTraG, in: WPg (Zeitschrift), 1998, Heft 10, S. 451-458.

Göttgens, Michael / *Wolfgarten*, Wilhelm: Die Prüfung des internen Kontrollsystems von Kreditinstituten im Rahmen der Abschlußprüfung (Teil I), in: WPg (Zeitschrift), 2005, Heft 24, S. 1364-1371.

Heukamp, Wessel: Brauchen wir eine kapitalmarktrechtliche Dritthaftung von Wirtschaftsprüfern, in: ZHR (Zeitschrift), 2005, 169. Band, S. 471-494.

Hucke, Anja / *Ammann*, Helmut: Bilanzvergleichbarkeit und Sicherstellung der Bilanzwahrheit durch eine Internationalisierung der Rechnungslegung- Ist der rechtliche Rahmen in Deutschland dafür ausreichend?, in StuB (Zeitschrift): 2004, Heft 9, S. 407-413.

Hulle, Karel von / *Lanfermann*, Georg: Mitteilung der Europäischen Kommission zur Stärkung der Abschlußprüfung, in: BB (Zeitschrift), 2003, Heft 25, S. 1323-1328.

Hüttemann, Rainer: BB-Gesetzgebungsreport: Internationalisierung des deutschen Handelsbilanzrechts im Entwurf des Bilanzrechtsreformgesetzes, in: BB (Zeitschrift), Heft 4, 2004, S. 203-208.

IDW (Hrsg.): Entwurf einer Neufassung des IDW Prüfungsstandards: Zur Aufdeckung von Unregelmäßigkeiten im Rahmen der Abschlußprüfung (IDW EPS 210 nF), in: WPg (Zeitschrift), 2006, Heft 4, S. 218-228.

IDW (Hrsg.): Grundsätze ordnungsgemäßer Berichterstattung bei Abschlußprüfungen (IDW PS 450), in: WPg (Zeitschrift), 2006, Heft 3, S. 113-132.

Janert, Ingo / *Schuster*, Thorsten: Dritthaftung des Wirtschaftsprüfers am Beispiel der Haftung für Prospektgutachten – Haftungsgrundlagen sowie Möglichkeiten und Schranken der Haftungsbegrenzung, in: BB (Zeitschrift), 2005, Heft 18, S. 987-996.

Joecks, Wolfgang: Handelsrechtliche Abschlußprüfung und das Recht, in: BFuP (Zeitschrift), 2004, Heft 3, S. 239-251.

Justenhoven, Petra / *Krawietz*, Manfred: Prüfungsansatz nach Enron, in: BPuP (Zeitschrift), 2006, Heft 1, S.62-76.

Kaiser, Karin: Auswirkungen des Bilanzrechtsreformgesetzes auf die zukunftsorientierte Lageberichterstattung, in: WPg (Zeitschrift), 2005, Heft 8, S. 405-418.

Kajüter, Peter: Berichterstattung über Chancen und Risiken im Lagebericht - Auswirkungen des Referentenentwurfs für das Bilanzrechtsreformgesetz, in: BB (Zeitschrift), 2004, Heft 8, S. 427- 433.

Kämpfer, Georg: Enforcementverfahren und Abschlussprüfer, in: BB (Zeitschrift), 2005, Beilage 3, Heft 20, S. 13-16.

Kirsch, Hans-Jürgen / *Scheele*, Alexander: Neugestaltung von Prognose- und Risikoberichterstattung im Lagebericht durch das Bilanzrechtsreformgesetz, in: WPg (Zeitschrift), 2005, Heft 21, S. 1149-1154.

Köhler, Annette / *Meyer*, Stephanie / *Mauelshagen*, Jan: BB-Gesetzgebungsreport: Umsetzungsstand des 10-Punkte-Plans der Bundesregierung zur Stärkung des Anlegerschutzes und der Unternehmensintegrität, in: BB (Zeitschrift), 2004, Heft 48, S. 2623-2631.

Korth, Michael: HGB-Modernisierung notwendig, in: Consultant (Zeitschrift), 2005, Heft 9, S. 34-36.

Krall, Michael: Unter öffentlicher Kontrolle, in: Consultant (Zeitschrift), 2004, Heft 11, S. 20-26.

Lanfermann, Georg: Neue EU-Richtlinie zur Abschlussprüfung, in: WPK-Magazin (Zeitschrift), 2006, Heft 1, S. 40-47

Lanfermann, Georg: EU-Übernahmerichtlinie: Aufstellung und Prüfung des Lageberichts, in: BB (Zeitschrift), 2004, Heft 28-29, S.1517-1521.

Lanfermann, Georg: Vorschlag der EU-Kommission zur Modernisierung der EU-Prüferrichtlinie, in: Der Betrieb (Zeitschrift), 2004, Heft 12, S. 609-613.

Lengerke, K.: Die Prüfungspflicht des Abschlußprüfers nach § 317 IV HGB, in: WPK-Mitteilung (Zeitschrift), 2002, Heft 96, S. 96-103.

Lenz, Hansrudi: Abschlußprüfung und Enforcement nach dem Bilanzkontrollgesetz - Zwei Fallbeispiele, in: BFuP (Zeitschrift), 2004, Heft 3, S. 219-238.

Löwer, Chris: Old Germany und internationale Rechnungslegung – Deutsche Wirtschaftsprüfer lernen IAS oder machen sogar den US-Abschluss CPA, in: HB (Zeitung), 13.10.2003, S. B 8.

Ludewig, Rainer / *Olbrich*, Thomas: Die gesteigerte Verantwortung de Abschlußprüfers nach dem KonTraG – Hilfsmittel zu deren Bewältigungen (zur Anwendung eines Bilanz-Rating-Systems bei der Abschlußprüfung), in: WPg (Zeitschrift), 1999, Heft 10, S. 381-388.

Marten, Kai-Uwe / *Köhler*, Annette: Vertrauen durch öffentliche Aufsicht - Die Abschlußprüferaufsichtskommission als Kernelement der WPO-Novellierung, in: WPg (Zeitschrift), 2005, Heft 4, S. 145-152.

Marten, Kai-Uwe / *Köhler*, Annette / *Meyer*, Stephanie: Umbruch im Peer-Review-System – Deutscher Status quo und der Sarbanes-Oxley Act of 2002, in: WPg (Zeitschrift), 2003, Heft 1-2, S. 10-17.

Marten, Kai-Uwe / *Köhler*, Annette G.: Durchführung externer Qualitätskontrollen in der Wirtschaftsprüferpraxis -Vergleich deutscher und US-amerikanischer Normen, in: WPg (Zeitschrift), 2002, Heft 5, S. 241-251.

Maul, Silja / *Muffat-Jeandet*, Danièle: Die Übernahmerichtlinie – Inhalt und Umsetzung in nationales Recht, in: Die Aktiengesellschaft (Zeitschrift), 2004, Heft 5, S. 221-233.

Naumannn, Klaus-Peter: Stand und Weiterentwicklung der Normen zur Qualitätssicherung und Qualitätskontrolle. In: *Marten*, Kai-Uwe / *Quick*, Reiner / *Ruhnke*, Klaus: Externe Qualitätskontrolle im Berufsstand der Wirtschaftsprüfer, 2004, Düsseldorf: IDW, S. 67-108.

Nguyen, Tristan: Jahresabschlussprüfung aus spieltheoretischer Sicht, in: WPg (Zeitschrift), 2005, Heft 1-2, S. 11-19.

Niehus, Rudolf: Corporate Governance: Das Honorar und der Abschlußprüfer - Stärkung der Unabhängigkeit durch Offenlegung ?, in: WPg (Zeitschrift), 2002, Heft 12, S. 616-625.

Niemeier, Wilhelm: Die Steigerung der Aussagekraft des handelsrechtlichen Jahresabschlusses durch die Änderungen der 4. und 7. Richtlinie, in: WPg (Zeitschrift), 2006, Heft 4, S. 173-185.

o. V.: Meinungen zum Thema: Sicherung der Abschlußprüfung durch Enforcement-aber wie?, in: BFuP (Zeitschrift), 2004, Heft 3, S. 268-279.

o. V.: Wirtschaftsprüferhaftung, in: der Betrieb (Zeitschrift), 2006, Heft 7, S. 385-387.

Paetzmann, Karsten: Enterprise Risk Management: Zum Einfluss der Governance-Reformen auf das Controlling und die Überwachung, in: ZP (Zeitschrift), 2005, Band 16, S. 267-271.

Pfitzer, Norbert: Aktuelles zur Qualitätssicherung und Qualitätskontrolle, in: WPg (Zeitschrift), 2006, Heft 4, S. 186-197.

Pohl, Ulf: Haftung und Berufshaftpflichtversicherung der Wirtschaftsprüfer, in: WPg (Zeitschrift), 2004, Heft 9, S. 460-466.

Pottgießer, Gaby: Die Zukunft der deutschen Rechnungslegung - Darstellung und Beurteilung der Referentenentwürfe zum Bilanzkontrollgesetz und Bilanzrechtsreformgesetz, in: StuB (Zeitschrift), 2004, Heft 4, S. 166-172.

Quick, Reiner: Prüfung, Beratung und Unabhängigkeit des Abschlußprüfers – Eine Analyse der neuen Unabhängigkeitsnormen des HGB im Lichte empirischer Forschungsergebnisse, in: BFuP (Zeitschrift), 2006, Heft 1, S. 42-61.

Quick, Reiner: Geheimhaltungspflicht des Abschlußprüfers: Strafrechtliche Konsequenzen bei Verletzung, in: BB (Zeitschrift), 2004, Heft 27, S. 1490-1494.

Ring, Harald.: Gesetzliche Neuregelungen der Unabhängigkeit des Abschlussprüfers, in: WPg (Zeitschrift), 2005, Heft 5, S. 197-206.

Rosen, Rüdiger: Die Überregulierung ist kaum noch zu bewältigen – Immer neue Regeln zur Unternehmensführung beschränken die Vorstände -, in: Frankfurter Allgemeiner (Zeitschrift), 12. Mai 2004, S. 27.

Ruhnke, Klaus / *Lubitzsch*, Kay: Abschlussprüfung und das neue Aussagen-Konzept der IFAC: Darstellung, Beweggründe und Beurteilung, in: WPg (Zeitschrift), 2006, Heft 6, S, 366-374.

Scheffler, Eberhard: Corporate Governance - Auswirkungen auf den Wirtschaftsprüfung, in: WPg (Zeitschrift), 2005, Heft 9, S. 477-487.

Schmidt, Achim / *Pfitzer*, Norbert: Qualitätssicherung in der Wirtschaftsprüferpraxis, in: WPg (Zeitschrift), 2005, Heft 7, S. 321-343.

Schmidt, Peter-Jürgen: Der Beruf des Wirtschaftsprüfers-quo vadis ?, in: WPg (Zeitschrift), 1998, Heft 7, S. 319-325.

Schmidt, Stefan: Risikomanagement und Qualitätssicherung in der Wirtschafts-prüferpraxis, in: WPg (Zeitschrift), 2006, Heft 5, S. 265-274.

Schmidt, Stefan: Geschäftsverständnis, Risikobeurteilungen und Prüfungshand-lungen des Abschlussprüfers als Reaktion auf beurteilte Risiken, in: WPg (Zeit-schrift), 2005, Heft 16, S. 873-887.

Schruff, Wienand: Neue Ansätze zur Aufdeckung von Gesetzesverstößen der Unternehmensorgane im Rahmen der Jahresabschlußprüfung, in: WPg (Zeit-schrift), 2005, Heft 5, S. 207-211.

Seibert, Ulrich: Das 10-Punkte-Programm "Unternehmensintegrität und Anle-gerschutz", in: BB (Zeitschrift), 2003, Heft 14, S. 693-698.

Sieler, Carina / *Rauchhaus*, Rolf: Sprachrohr für Risikomanager – Anforderun-gen an das Risiko-Reporting von Kapitalmarktunternehmen im Umbruch – Auswirkungen von BilReG und BilKoG, in: Risknews (Zeitschrift), 2004, Heft 5, S. 31-35.

Strieder, Thomas: Erläuterungen der aktuellen Änderungen des Deutschen Cor-porate Governance Kodex, in: Finanz Betrieb (Zeitschrift), 2005, Heft 9,S. 549-553.
Tiedje, Jürgen: Die neue EU-Richtlinie zur Abschlussprüfung, in: WPg (Zeit-schrift), 2006, Heft 9, S. 593-605.

Veltins, Michael: Verschärfte Unabhängigkeitsanforderungen an Abschlussprü-fer, in: der Betrieb (Zeitschrift), 2004, Heft 8, S. 445-452.

Wall, Friedericke: Kompatibilität des betriebswirtschaftlichen Risikomanage-ment mit den gesetzlichen Anforderungen? – Eine Analyse mit Blick auf die Abschlußprüfung -, in: WPg (Zeitschrift), 2003, Heft 9, S. 457-471.

Wendlandt, Klaus / *Knorr*, Liesel: Das Bilanzrechtsreformgesetz - Zeitliche An-wendung der wesentlichen bilanzrechtlichen Änderungen des HGB und Folgen für die IFRS-Anwendung in Deutschland -, in: KoR (Zeitschrift), 2005, Heft 2, S. 53-58.

Wiedmann, Harald: Ansätze zur Fortentwicklung der Abschlußprüfung, in: WPg (Zeitschrift), 1998, Heft 7, S. 338-350.

Zitzelsberger, Siegfried: Überlegungen zur Einrichtung eines nationalen Rech-nungslegungsgremiums in Deutschland, in: WPg (Zeitschrift), 1998, Heft 7, S. 246-259.

Verwendete Gesetzestexte und Kommentare:

Ebke, Werner F. (Hrsg.): Münchener Kommentar zum Handelsgesetzbuch - Band 4 - Drittes Buch. Handelsbücher - §§ 238-342a HGB, 2001, München: Beck.

Ellrott, Helmut (Hrsg.): Beck`scher Bilanz-Kommentar - Handels- und Steuerbilanz - §§ 238 bis 339, 342 bis 342e HGB mit EGHB und IAS/IFRS-Abweichungen, 6., völlig neubearbeitete Auflage, 2006, München: Beck.

Hopt, Klaus / *Merkt*, Hanno / *Baumbach*, Adolf: Beck'sche Kurz-Kommentare, Band 9, Handelsgesetzbuch mit GmbH & Co., Handelsklauseln, Bank- und Börsenrecht, Transportrecht (ohne Seerecht), 32., neubearbeitete und erweiterte Auflage, 2006, München: Beck.

Koller, Ingo / Roth, Wulf-Henning / Morck, Winfried: Handelgesetzbuch (Kommentar), 5. Auflage, 2005, München: Beck.

Palandt, Otto (Hrsg.): Beck`scher Kurz-Kommentar, Bürgerliches Gesetzbuch, 65., neubearbeitete Auflage, 2006, München: Beck.

Prütting, Hanns / *Wegen*, Gerhard / *Weinrich*, Gerd (Hrsg.): BGB Kommentar, 2006, Neuwied: Luchterhand.

Verwendete Gesetzestexte:

Gesetz zur Einführung internationaler Rechnungslegungsstandards und zur Sicherung der Qualität der Abschlußprüfung (Bilanzrechtsreformgesetz - BilReG), in: BGBl (Zeitschrift), 2004, Teil I, Nr. 65, S. 3166-3182.

Gesetz zur Fortentwicklung der Berufsaufsicht über Abschlußprüfer in der Wirtschaftsprüferordnung (APAG), in: BGBl. (Zeitschrift), 2004, Teil I, Nr. 76, 2004, S. 3846-3851.

Gesetz zur Kontrolle und Transparenz im Unternehmensbereich (KonTraG), in: BGBl. (Zeitschrift), 1998, Heft 24, S. 786-794.

Gesetz zur Kontrolle von Unternehmensabschlüssen (Bilanzkontrollgesetz – BilKoG), in: BGBl. (Zeitschrift), 2004, Teil I, Nr. 69, S. 3408-3415.

Gesetz über Berufsordnung der Wirtschaftsprüfer (Wirtschaftsprüferordnung); siehe Anlage

Verwendete Rechtsquellen:

BGH-Urteil vom 15.12.2005 – III ZR 424/04

BGH-Urteil vom 26.09.2000 – X ZR 94/98

BGH, [1998], NJW, 1948

Verwendete Internetquellen:

„Abschlussprüferaufsichtskommission"; siehe URL: http://www.apak-aoc.de/apak/ziele_aufgaben.asp [Stand: 15.05.2006]

„Corporate Governance in Deutschland"; siehe URL: www.bdi-online.de/Dokumente/Recht-Wettbewerb-Versicherungen/BDI_PwC_Studie.pdf [Stand 08.08.2006]

"Deutscher Corporate Governance Kodex (in der Fassung vom 02. Juni 2005)"; siehe URL: http://www.corporate-governance-code.de/ger/download/D_CorGov_Endfassung2005-markiert.pdf [26.06.2006].

„Gemeinsame Stellungnahme der WPK und der IDW: Anforderungen an die Qualitätssicherung in der Wirtschaftsprüferpraxis (VO 1/2006); siehe URL: http://www.wpk.de/pdf/VO_1-2006.pdf [Stand: 08:08.2006].

„Positionspapier IDW Vorschläge zur Verbesserung der Unternehmensüberwachung („KonTraG II")"; siehe URL: www.iasifrs.de/inhalt/gesetzl_grundl/kontrag/kontrag2_idw.pdf [Stand 08.08.2006].

„Rat Wirtschaft und Finanzen", siehe URL: http://www.consilium.europa.eu/cms3_fo/showPage.asp?id=250&lang=de [Stand 28.08.2006].

„ Richtlinien"; siehe URL: http://ec.europa.eu/internal_market/auditing/directives/index_de.htm [Stand 22.08.06].

„Richtlinie 2006/43/EG DES Europäischen Parlaments und des Rates vom 17. Mai 2006 über Abschlussprüfungen von Jahresabschlüssen und konsolidierten Abschlüssen, zur Änderung der Richtlinien 78/660/EWG und 83/349/EWG des Rates und zur Aufhebung der Richtlinie", siehe URL: http://eur-lex.europa.eu/LexUriServ/site/de/oj/2006/l_157/l_15720060609de00870107.pdf [Stand: 29.08.2006].

„Richtlinie 2004/25/EG des Europäischen Parlaments und des Rates vom 21.04.2004 betreffend Übernahmeangebote"; siehe URL: http://europa.eu.int/eur-lex/pri/de/oj/dat/2004/ l_142/l_14220040430de00120023.pdf [Stand: 22.06.2006].

„V0 1/2006 – Gemeinsame Stellungnahme der WPK und des IDW: Anforderungen an die Qualitätssicherung in der Wirtschaftsprüferpraxis"; siehe URL: http://www.wpk.de/vo_1-2006/qualitaetssicherung.asp [Stand 08.08.2006].

„V0 1/2006 seit April 2006 endgültig herausgegeben", siehe URL: http://www.wp-mittelstand.de/front_content.php?idcat=83&idart=448 [Stand: 08:08.2006].